AF600016

La emoción de vivir

Antón Castro

Premio de las Letras Aragonesas 2024

Patrocinado por

ENATE

La emoción de vivir

Antón Castro

El 9 de julio de 2025, el Gobierno de Aragón concedió, ex aequo, a José Luis Melero Rivas y Antonio Rodríguez Castro (Antón Castro) el Premio de las Letras Aragonesas 2024, a propuesta de un jurado presidido por Tomasa Hernández Martín, Consejera de Educación, Cultura y Deporte del Gobierno de Aragón, y en su nombre Pedro Olloqui Burillo, Director General de Cultura, e integrado por Pilar Aguarón Ezpeleta, escritora y presidenta de la Asociación Aragonesa de Escritoras y Escritores; Víctor Juan Borroy, escritor y presidente de Rode de Estudios Aragoneses; Pedro Rújula López, ensayista y exdirector de Prensas de la Universidad de Zaragoza; Rafael Yuste Oliete, poeta y presidente de la Asociación de Editores de Aragón; José Luis Acín Fanlo, director del Centro del Libro de Aragón, y Abigail Pereta Aybar, Jefa del Servicio de Fomento y Difusión de la Cultura y el Libro, que actuó como secretaria.

El jurado propuso a José Luis Melero Rivas por "ser una figura destacada en los proyectos culturales surgidos en Aragón desde hace medio siglo, y por su labor en el mundo cultural aragonés y, en concreto, en el ámbito de los libros como editor, escritor y bibliófilo".

Y a Antonio Rodríguez Castro (Antón Castro) por "su destacada aportación en el ámbito de la comunicación y el periodismo cultural, así como por los distintos géneros literarios que ha cultivado, una obra que tiene como origen y fuente las tierras de Aragón".

Ilustración de cubierta:
La bicicleta de Patricio Julve, de Juan Tudela

Edita: Gobierno de Aragón

Imprime: INO Reproducciones, S.A.

I.S.B.N.: 978-84-8380-518-3

Depósito Legal: Z 1123-2025

Presentación

El Premio de las Letras Aragonesas siempre ha distinguido, en todas sus convocatorias desde aquella primera de 1995 que recayó en Eloy Fernández Clemente, a aquellas personas que han destacado en el mundo del libro: por la continuada labor como narradores de los ganadores, por su trayectoria como ensayistas, por la promoción y difusión de las letras aragonesas; o por la unión de varias de estas singularidades, pero siempre atendiendo a ese trabajo continuado en las letras, entendidas estas en su globalidad y con el punto de mira más amplio posible.

Desde esa primera distinción, notables son los nombres que año a año van ampliando la destacada lista, que habla a su vez del inmejorable momento que están viviendo las letras aragonesas, de esa edad de oro cada vez más asentada, prestigiada y reconocida dentro y fuera de las lindes de la comunidad aragonesa. Narradores de todo género, ensayistas de varias disciplinas, agentes que mueven y promueven al sector y a sus integrantes, conforman ese elenco que cada año se incrementa con otra destacada figura del libro y de las letras aragonesas.

Lo mismo sucede con la convocatoria correspondiente al año 2024. Pero en este caso no con un nombre, con una persona, sino con dos. Con dos nombres que cumplen con los parámetros enunciados, y no solo con uno de los mismos, sino aunando sus facetas de creadores con la de promotores y difusores de todo lo que encierran las letras aragonesas. Y dos figuras, además, que se implementan y complementan en su producción bibliográfica y en su labor de promoción del libro aragonés y de sus agentes: Antón Rodríguez Castro y José Luis Melero.

Antonio Rodríguez Castro (Antón Castro) lo ha hecho todo en referencia al libro, y la cultura, en Aragón: artículos, libros de todos los géneros —narrativa, cuentos, ensayo, poesía—, organizador de actos y actividades, suplementos literarios y, entre otras incursiones, hasta programas de televisión. Una persona de gran relevancia en este sentido por cuanto su obra literaria es de gran notoriedad y nacida desde las propias tierras de Aragón, y por su labor de difundir, apoyar y estar al lado de todo lo que se ha hecho y se hace en esta comunidad en relación con la cultura en general, y con el libro en particular.

Por todo ello, porque estas dos personas son las que mejor encarnan el espíritu del premio (la faceta creadora y ensayística con la labor de difusión del libro aragonés y todo lo que va unido a este), el jurado decidió dar esta distinción por primera vez ex aequo a Antón Rodríguez Castro y a José Luis Melero. Porque, además, los dos reflejan a la perfección el momento dorado que viven las letras aragonesas.

Jorge Azcón Navarro
Presidente del Gobierno de Aragón

1 - Poesía

Versión original

[A Lina Vila y Félix Romeo]

Tengo un sueño:
quiero montar un cine de versión original.
Un cine donde se escuchen todos
los idiomas del planeta.
Un cine para soñar
con todos los soñadores de la tierra.
Así lo veo: tapizado de rojo,
íntimo como la oscuridad,
con una indeleble mancha de luz al fondo.
Quiero montar un cine en versión original.
Me imagino los carteles, las películas,
los programas de mano
con su vocabulario de letras y espectros.
Imagino el público que llega
a las tres o cuatro sesiones.
La pantalla será como un oratorio pagano,
o un río de vida,
o un torbellino incesante de besos y de imágenes.
Lo estoy viendo:
cómo se besa en chino, en polaco, en francés,
cómo se cuentan los cuentos y las pesadillas.
¿Quién huye por el bosque
tras un crimen inesperado
y sale a la playa de los últimos naufragios?
Estoy oyendo las voces,
las palabras con su extraña música universal,
todas las melodías del alma.

Cuando llegue el fin de la noche,
allí estaremos tú y yo, a solas en la sala.
Tendidos sobre las butacas,
sobre el rojo oscuro de la satisfacción
y la soledad más deseada,
volveremos a poner la película.
En ese momento, vueltos desenfreno y ternura,
entretejidos en un plenilunio de sombras,
seremos los protagonistas principales.
Antes de volverme loco de amor
o de irme de esta ciudad para siempre,
quiero regalarte un cine de versión original.
Será la mejor forma de decirte «te quiero».
todos los días en cualquier lengua de la tierra.

Razón de amor

No me soportaba a mí mismo:
ni aquí, ni allá, ni en el bosque del parque,
ni en la buhardilla que se abría a un horizonte de tejados
ni en la estación de tren donde iba todos los días.
Y de golpe decidí que era el instante de volver:
no sé si al mar, a casa o a las aulas en Compostela.
Regresar a cualquier parte, humillado por la impaciencia.
Aquí había vivido de prisa, como si me faltaran el tiempo
y el aliento: había trabajado en la vendimia, en derribos,
había pegado carteles y había esperado en vano,
a cualquier hora, con el corazón levantisco,
en las escaleras de la plaza de España,
a un dulce amor que un día me dijo: «No habrá más besos,
ni otros paseos, ni canciones cómplices, ni confidencias.
La vida está en otra parte y en otros cierzos. Adiós».
Me fui a la estación con dos baúles.
Inmensos, atribulados de objetos.
Poemarios inéditos, borradores, libros, revistas,
y un magnetófono con la obra conocida de los Beatles.
Los facturé, algo que no había hecho nunca, no sé si dispuesto
a extraviarlos en la consigna de mi ciudad, La Coruña,
o a confinarlos en un desván con el aroma de los recuerdos.
En ese instante en que la vida se transforma por un arrebato
pensé en cuánto dejaba atrás y en qué poco me esperaba
en la esquina del porvenir. Solo un amigo vino a despedirme
y habría llorado de incertidumbre, de derrota, de añoranza.
Le pedí que no descendiese a las vías: temía deshacerme
[de tristeza.
Bajé las escaleras, subí al tren y me acomodé.
Un acre y pesado olor se extendía como una condena.
Por puro azar, a los pocos instantes, miré por la ventana.

Y allí estaba ella. Otra ella. La joven, la mujer que jamás
habría esperado. Golpeé en el cristal, me vio
y antes de que yo reaccionase ya había subido.
«Venía a decirte adiós. Me han traído en una Vespa como
la de *Vacaciones en Roma*. Ya sé que te vas para siempre.
No volveré a verte vendiendo macramé ni cuero ni barro
en el Paseo, no volveré a reírme con tus malos chistes,
nadie desafinará tanto como tú cuando cantas
[a Silvio Rodríguez.
Nadie dirá que los bosques suenan como una viola
y que un rumor de lluvia lenta inunda todos los sueños».
Me besó. Al principio en la mejilla, luego más cerca de la boca,
después en los labios y en la boca, y lo hizo con todo:
con el azar, con la lengua, con la pasión aplazada tal vez,
con los sabores extenuados de los placeres imposibles.
El tren se ponía en marcha. Casi palidecí cuando la vi
arrojarse, perderse, agitar la mano borrosa en mitad
[de la niebla.
En el asiento había dejado un libro de Pedro Salinas
y unos versos subrayados: «¿Serás, amor, un largo adiós
que no se acaba? // Vivir, desde el principio, es separarse».
No dormí en toda la noche ni tampoco por el día.

Al llegar, tras 16 horas de viaje, ni retiré los baúles
[de consigna.
Siete días después regresaba a la misma estación, Zaragoza,
con un equipaje inesperado y con otro verso en los labios:
«Cada beso perfecto aparta el tiempo».

Los tres álbumes (tras el 11-M)

Nunca había sentido curiosidad por sus cosas más íntimas. Pero cuando sucedió la catástrofe, intuyó que su hijo era, en el fondo, un desconocido. Había crecido de prisa, trampeaba con los estudios y con las novias, y tenía como todos una vida oculta. Y fue esa vida la que se le reveló cuando abrió de par en par los armarios, los cajones, los archivadores. Ese tesoro inadvertido que uno acumula como quien construye una despaciosa biografía. No sabía que era coleccionista de plumas, ni que poseía varias cajas de lápices de colores de marcas y países distintos. Ignoraba que llevase un diario de pequeñas frases y dibujos que se le antojaron surrealistas.

En un sobre grande, había 17 cartas de amor de Clara. Y descubrió también una serie de insignias o pins de las ciudades que había visitado y pequeños carteles de cine, con algunas de sus películas favoritas: *Charada, Desayuno con diamantes, Vacaciones en Roma* o *Dos en la carretera*. Pero hubo algo que quizá la emocionó mucho más. Los tres álbumes de fotografías. Todas las fotos llevaban una pequeña leyenda.

Abrió el álbum de los amigos, porque pensó que iba a ser el menos doloroso, y reconoció a César, Andrés, Pascual y Clara, su última compañera, pero no a todos, desde luego. ¿Por qué no había visto nunca a ese Leandro que aparecía casi siempre, en los partidos de hockey o en las jornadas de natación? El segundo álbum contenía sus retratos, desde la niñez hasta anteayer mismo. Ella no pudo evitar las lágrimas: ¡Cuánta hermosura atropellada en ese orden insospechado! ¡Qué alegría de crecer y desperezarse día a día, en la arena de la playa, en el río, en los jardines, en la única foto que conserva de la escuela! ¡Cuántas películas de la memoria y la emoción le asaltaron de súbito! Se armó de coraje para abrir el último álbum. Halló los retratos de la familia, desde los antepasados hasta sus hermanos. Al de su abuelo le había colocado esta frase: «El origen de la semilla». Y a su hermana pequeña: «El último milagro de los míos». La madre miró cada retrato, uno a uno, con sus notas. Sabía que el hijo que se había ido en marzo iba a recuperar la vida para siempre desde las fotos y en el recuerdo.

La isla del cine

El Cine Real era un paraíso en la oscuridad.
El centro de todas las fantasías, la isla del tesoro,
el campo de pruebas de las primeras pasiones imposibles:
íbamos al cine en los fines de semana a enamorarnos
irremediablemente. Antes de conocer el amor,
y quizá antes de haber saboreado el mar y sus mareas,
en la plenitud de la inocencia a punto de quebrarse,
quisimos a Ava Gardner, Edwige Fenech,
[Claudia Cardinale, Elsa Martinelli,
amábamos los ojos negros de Concha Velasco
y sus muslos deslumbrantes que no exigían ningún desnudo.
El Cine Real era como un refugio, tierra adentro,
mientras caía la lluvia y se encenagan las calzadas
y los campos de maíz y nuestras arboledas pobladas
[de caballos.
Todo podía suceder en el cine. En la pantalla, en nuestra
quimérica cabeza, en el temblor inesperado de la entrepierna
o quizá dos butacas más adelante, más atrás o en las de al lado.
O en aquel gallinero sombrío que olía a incertidumbre
y tentación. A veces solo batallaba la asfixia de los besos.

Todo podía suceder. Y un día, sábado, tercera y última sesión,
la de las diez, se estremecieron los planetas
y el silencio oscuro y mi corazón, zarandeado de súbito.
De repente, con su faldita breve y sus ojos encendidos,
apareció Isabel, mi prima, la que tenía molino y furgoneta,
la que había perdido un novio en el servicio militar,
allá en las marismas de Cádiz. La llamé y se sentó a mi lado.
Aproveché el NO-DO. Y le dije al oído las triviales
[confidencias
de quienes llevan algunas semanas sin verse.
Luego le hablé de lo poco que sabía de la película.

Se titulaba *El día de la ira* y la protagonizaba
uno de mis actores favoritos: Giulianno Gemma.
El malo malísimo era Lee Van Cleef. Un pistolero torvo.

No tardó en empezar la sesión.
Yo la miraba de reojo sin ser visto, o eso creía,
pero pronto me di cuenta de que ella hacía algo parecido.
Un brillo lateral parecía despertar centellas en su rostro.
O una luna gigante de misterio que irrumpe tras el vendaval.
Ladeó la cabeza hacia mi rostro y percibí su piel suave,
la olorosa textura de su media melena negra y arbolada
[de leves rizos.
Hubo un instante en que me cogió las manos, quizá fuese
solo la mano izquierda. La memoria me duele y me traiciona.
La llevó a su boca y la acarició con los labios.
Juraría que noté la humedad de su lengua.
El terciopelo de su saliva. La carnal densidad de mi propia
[lumbre.
La apretó, cedió en su presión, jugueteó con los dedos,
uno a uno, de dos en dos, no sé si recuerdo bien o lo invento.
Y entonces, cuando se levantaba el polvo y retumbaba
en el centro del desierto que avanza con su silbo de sierpe,
condujo mi mano hacia su pierna y allí la dejó, a solas,
con el afán quizá de que llegase hasta el centro inexpugnable.
La mano y mi pánico se quedaron indecisos, perplejos,
como quien teme arrojarse hacia el fondo de un precipicio.

Isabel, diez o veinte minutos después, me besó la oreja.
Me digo ahora, me justifico tal vez, tantos años después:
se impacientó de esperar y de mala conciencia.
Me sentí su amante secreto. El galán clandestino
[de la función
que aún no sabe cómo pecar en la penumbra.
Me puso una moneda en la mano y me la cerró con suavidad.
Era el tesoro inesperado de la isla del cine.

«Tengo que irme —dijo—. No soporto las películas
[del oeste.
Espero que sepas guardarme el secreto, primo».

Ha pasado más de media vida. El doble del tiempo del olvido.
A veces en la oscuridad, aún la siento: cercana, temblorosa,
[con los pies descalzos
y la falda corta de una actriz que desordena y paraliza
[mi deseo.

Carmen Carmiña Carmela

[Recuerdo de Carmen Martín Gaite
en el Gran Hotel de Zaragoza]

Carmen, Carmiña, Carmela.
Admitías muy bien todos los nombres.
Había en ti algo salvaje y juvenil.
Podías ser cariñosa, emotiva, displicente,
pero siempre estabas dispuesta a sonreír,
a recordar, a transitar en dirección al secreto
y la confidencia. Podías, lo recuerdo bien,
estallar en lágrimas: la memoria revolvía
la turbulencia gris de los recuerdos.

Habíamos quedado para hablar de tus libros.
Hubo un momento que publicabas sin cesar:
ensayos históricos, tu escasa poesía
—y eso nos sirvió para ahondar en San Juan de la Cruz
y en tu colaboración con Amancio Prada—,
tus relatos y tus novelas. De autores que amabas
—Emily Dickinson, Rosalía, Flaubert, Kafka,
[Vasco Pratolini—
y de libros que te habían dejado huella
como *Querido Miguel*, de Natalia Ginzburg.

Eras una lectora minuciosa. Buscabas la luz
de la emoción, la expresión de la verdad inefable,
el silencio hecho música o pentagrama de ocultación.
Y te gustaba recordar instantes del ayer, amigas
como Mayra O'Wisiedo o Josefina Aldecoa
con las que salías de paseo buscando el porvenir,
tus horas en archivos y bibliotecas, sin conciencia
del extravío de los sentidos. Eras una mujer
de palabras, de sílabas, de sigilos y sobreentendidos.

Te desvelabas por entender. Por sentir.
Cosías la realidad con hilaturas de fantasía.
Y te gustaba jugar con la vida a todos los acertijos
e interrogantes, a los laberintos del asombro.

Al cabo de casi dos horas, dijiste: «Llevo diarios,
hago collages, recorto revistas, adoro la conversación,
intento no aburrirme. Como cuando era una chiquilla
y asimilaba todos mis nombres: Carmen Carmiña Carmela».

Reapareció la sombra de Marta.
Tu hija tan amada. Ausente.
El aguijón de un dolor maternal e invencible
que viene de la carne y de la tierra,
de la matriz del mundo.
En ese instante palideció tu alma y se humedeció tu vista.
Me di cuenta de que era la hora de irme.
Anunciaste: «Te he traído una edición nueva de 'Ritmo lento'.
Yo también he querido ser auténtica y experimental
y, pese a su tristeza, la escribí cuando era muy feliz».

Te acompañé al ascensor.
Aún veo tu lánguida sonrisa
y aquel gorro de lana que te hacía
parecer una criatura intemporal,
no sé si nórdica, rabiosa y a la vez vitalista.
Golpeada por la pena, creí que perseguías la felicidad
con las tintas de colores rosas, azules y doradas
con las que te gustaba dedicar tus libros
con aquella caligrafía redonda y dinámica que parecía
la última travesura de Celia o de Caperucita.
El anhelo absoluto de huir hacia la libertad.

Carmen, Carmiña, Carmela.
O únicamente Calila.

Acumuer

[Javier Hernández. In memoriam]

Aquí me quedo, en la apacible umbría
del manzano, del peral y el cerezo,
entre los pájaros que van y vienen
a bailar con el sol y con las nubes,
hecho ceniza, tierra, limo o polvo
que se eleva al atardecer hacia las cumbres.
No es, claro que no, la vida que ansiaba,
todo lo que mi imaginación concibió
para conquistar con colores la vejez.
No es esto: habría querido vivir del aire,
a pleno pulmón, escalar las montañas
y esos cortados que invitan al vuelo,
habría querido despertar aquí, en silencio,
bajo el laberinto de estrellas, abrazado
a mi amada o la quimera de la obra maestra
en esta casa, hecha piedra a piedra,
con el único pegamento del deseo.
Deseo de amor, de primavera, de música.
Deseo de paz junto a la ventana.
Deseo de transformarme en nueva luz.
Si alguna vez regresáis a este vergel,
sabed que aquí me quedo, en la urna
de la memoria y bajo los rosales.
Siempre habrá para vosotros un lugar
para que me dejéis vuestras cartas,
los libros que habéis soñado para mí,
el mejor vino, un poema, un dibujo:
todo eso que cobija el pensamiento.

Y siempre encontraréis mi mensaje
donde quiero recordar la alegría,
lo bueno que me ofreció la vida,
las lágrimas, las sonrisas, los besos,
el violín y la viola de las noches:
todo lo inolvidable que me llevo
a mi refugio de tiniebla y sueño,
que está aquí y más allá de las montañas.
Aquí me quedo, Acumuer. Para siempre.

EFC. *In memoriam*

Querido Eloy. Eras partidario de la vida. El periodismo te permitía indagar, conocer, llegar al alma humana. Te gustaba la gente y lo dabas casi por todo por una buena historia. Siempre estabas alerta. Nos enseñaste mucho en *Andalán,* en reportajes, entrevistas e informes, en 'La sargantana' en *El Día,* en tus artículos en *El Periódico de Aragón* y *Heraldo de Aragón*, y en tu medio centenar de libros. Solías llegar a los sitios antes que nadie. Suscitabas confianza: tenías el don de la empatía y la ternura, y la amistad era una forma de respirar mejor y más veces. Llevabas Aragón en la mirada y en la sangre, y Labordeta lo había convertido en canción para ti. Eras un lector entusiasta de Mariano Gistaín, de Pepe Melero, de Luis Alegre, de Miguel Mena, de Ángela Labordeta, de Cristina Grande, Fernando Sanmartín, y un largo etcétera, Rodolfo Notivol, Ismael Grasa, Irene Vallejo, Jorge Sanz Barajas, Julio José Ordovás, Martínez de Pisón, Félix Romeo, Teresa Agustín… En tu corazón cabíamos todos y alguno más: poseías ansiedad por saber para contarlo y contagiarlo.

Te emborrachabas de tinta, de cariño y de nombres propios. Tu ordenador y tu pluma estaban con los otros, para decir «os amo», «os sigo» o para reparar olvidos, injurias o abatimientos. Habías asimilado, con tus achinados ojos, que un día sin risa era un día perdido como proclamó Luis Buñuel. ¡Qué forma de reír o de cantar, en Casa Emilio o donde fuese, pícaro y galanteador de todos los ritmos! Por eso, en medio de clases, de prólogos, de salidas al cine o de guiñote, tenías un instante para la terquedad, el humor negro, un nuevo proyecto, la generosidad sin límites o eso que tanto te gustaba: ronronear un poco hasta oír que eras como un segundo padre, el amigo ideal e imprescindible, el alquimista de bondad, y lo eras. Lo eras. Te gustaba decirnos que nos querías, que Marisa y las chicas te habían iluminado de felicidad, y que nos mandabas un abrazo crujiente.

Querido Eloy. Nos has dado tanta vida que ni tendremos tiempo ni afán en malgastarla. Descansa en la luz. De nuestra memoria no te quita ni Dios.

Retrato, con atmósfera, de Emilio Lacambra

Hay lugares que te acompañan en casi todo.
Que son viviendas alternativas, refugios,
lugares a los que te apetece ir porque estás
cómodo, protegido, porque hay intimidad
y humor, historias secretas, y campan
en cualquier comedor la sorpresa y la cháchara,
esa forma casi azarosa de hablar y hablar,
donde la vida se revela y se rebela, y la noche
se vuelve pozo, conjuro, alquimia de alegría.

Y uno de esos espacios, de esos recintos
que son memoria de un tiempo que se va,
que son santuario de tertulias y milagros,
plaza casi pública donde fluye el decir airoso,
fue, es y será Casa Emilio.
No hay más que ver sus paredes, sus detalles,
los recuerdos objetivos y las alucinaciones,
los dibujos, los grabados, los óleos, las notas
de prensa, Casa Emilio es un museo popular
del sentir donde cabemos todos. Los sofisticados
y exquisitos, los que se baten el cobre desde abajo,
los que aún anhelan transformar el mundo,
ellas, que alzan sus voces y sus carcajadas
como si anunciaran una época nueva e insólita.
Y allí siempre, en la cocina o en una mesa,
estaba Emilio, dispuesto a pegar la hebra,
dispuesto a escuchar, a contar y a contarse,
a alargar las alas del tiempo con Pilar y Adriana
o con tantos otros que fueron su dulce compañía,
su hermano Guillermo, Pascual, Josemari, Nicoletta:
recordaba uno y mil nombres con sus anécdotas,
recordaba instantes, emociones, platos y menús,

se hacía memoria y batalla, piezas de teatro,
canciones, libros, sinfonías, artículos de fondo,
precipicios para la razón y para el sueño.

Emilio tenía la facultad de llegar a todo,
sin aspavientos, con la serenidad de un lobo
de mar que ha navegado la existencia y sus arrebatos.
Casa Emilio era su alacena, su hacienda, el jardín
de los poetas, de los noctívagos, de los ociosos
que al fin hallaban una rendija a la felicidad
en ese epicentro del mundo y sus revueltas.
¿Qué tiene de especial un restaurante
para ser ágora y un hogar soñado?

Emilio carecía de pereza, y todo y todos parecían
acomodarse a sus fantasías, a esa narración
interminable que se prolonga hasta la madrugada
a la sombra de su bigote o entre el humo
de su cigarrillo, tan afilado como oloroso,
que consumía con cierta delectación animal.
Hablaba y oía, miraba y sentía como el brujo
de la montaña que confiesa al aire sus secretos.

Siempre tenía palabras, emociones, himnos
de resistencia, siempre era él con los demás,
y te hacía sentir necesario, único y cómplice.
Así era, así quiso ser, así —ofreciéndose—
se volvía imprescindible y un cónsul de las horas.
El hombre tranquilo que nunca dejó de ser indomable.
El fabulador inesperado que viene de la bodega,
de la plancha o de sus viajes imaginarios
y sabe que la pasión por existir y resistir
frente a las inclemencias del destino y la edad
se sirve en vaso largo con whisky y hielo.

Oda al fotógrafo Rogelio Allepuz

Todos los fotógrafos buscan
la indeleble huella de la verdad de la vida:
esa claridad, ese contraste que esculpe
el acabado de un rostro, el matiz
de la piel, las costuras del tiempo.
A algunos les cuesta ver todo eso de golpe
y necesitan segundos, minutos,
casi un acto teatral para ganar tiempo.
Están y no están: en la demora aprenden
a mirar más, y descubren lo que buscan,
y luego lo trasladan al objetivo como pueden,
como saben, con la complicidad
o la resistencia del retratado.

Hay otros fotógrafos que piensan
previamente, que repasan el
álbum azaroso de su personaje,
y cuando están ante él componen,
buscan el carácter, evitan la frontalidad
y disparan. Lo hacen con una huella interior,
con un desvelo íntimo, con una escritura
de sensaciones, de líneas y de atmósferas.
La tinta de plata de una pulsión de artista.
La materia inagotable de una superficie.

Hay otros fotógrafos que ven de repente,
casi antes de que hable el sujeto,
y no le dan tiempo a nada: ni a ensayar
la contrariedad, su mejor o peor rictus,
la simpatía estudiada o natural.
Antes de nada, antes de todo,
el fotógrafo ya ha disparado

y ha fijado un retrato psicológico
para siempre. Un retrato que es y será el retrato:
la sensibilidad esencial de una existencia.
La llamarada exacta de una eterna iconografía.

Así es Rogelio Allepuz.
El ojo visionario. El ojo que sueña.
El ojo educado e intuitivo.
Da igual lo que haga, lo que mire,
se anticipa al curso de las cosas
y a los vaivenes del alma y sus despojos.
Tiene esa facilidad innata o inefable,
quién lo sabe, como si antes que él
no hubiera mirado nadie
esos rostros, esas cumbres del Pirineo majestuoso,
la tierra parda de un páramo en llamas,
la arboleda que mece sus ramas
llena de pájaros, la soledad de los brezos
o ese camino que parece una vía atemporal
que no va a ninguna parte o va al futuro:
Rogelio Allepuz, ebrio de luminosidad,
anda y desanda las escalas de la emoción.
A la vez nos entrega, en cada
instante y en cada toma, los ojos del corazón,
los pasos inciertos del hombre que avanza.

Rogelio Allepuz es un paseante místico.
Es un ojo que sabe leer el fulgor de las estrellas
y la carne erizada de la memoria y sus quebrantos.
Es un alpinista andariego que se refleja
en los ibones y les grita, como si pastorease
la serenidad misteriosa de las piedras
y el cielo atrapado de los espejos:
«Todo por la luz».

2 - Prosa

Margarita Artal a caballo

La gente se acostumbró a él y a sus rarezas, pero aún así se hablaba de Salustio Bienzobas más de oídas que de otra cosa. Los rumores se extendían, iban y venían con los trenes, con las tartanas o con el autobús de dieciséis plazas, pintado de amarillo, de Floreal Sánchez que se encargaba de comunicar el pueblo y las casas de campo con la estación de ferrocarril. Hubo un momento en que empezaron a dedicársele romances y coplas burlonas. Unos aludían a sus dos amantes, Eucaristía, mujer madura y generosa de carnes, más ama de llaves que amante, según algunos, y Clara, morena, esbelta y juvenil, primorosa como una flor de primavera. Otras invocaban sus misterios: Salustio Bienzobas era noble y rentista pero atravesaba por épocas de absoluta ruina. Sus compañeros de francachela, los que iban a visitarlo en su quinta de El Salobral, al lado del río Jiloca, le hacían préstamos, igual que Del Val, el vinatero, y Tomás Alegre, el dueño del colmado. De repente, a la vuelta de dos meses, aparecía con un fajo de billetes que se sospechaba que le habían llegado de Italia a consecuencia de lo que el romance llamaba «una herencia italiana de locos amores».

Salustio era un bohemio, amigo de tertulias privadas y buen lector. Todo lo contrario que su hermano Sócrates; éste sí se mezclaba con la gente en las tabernas pero pasaba inadvertido. Nunca despertó curiosidad a pesar de que usaba un gorro de astracán y llamaba señoras a todas las mujeres. Carecía de misterio por exceso de simplicidad. En Salustio nada era previsible: lo mismo secuestraba a medianoche a los hombres casados del pueblo para unas manos de guiñote sin advertir a nadie que organizaba una excursión a caballo a la finca de El Castillejo, donde Blasco Ibáñez descansó un par de veranos, o un fin de semana de cacería en la sierra de Albarracín. Lo mismo aterrizaba en una avioneta ante el asombro de Agudo, el controlador del modesto campo de aviación, que no había recibido señales por la emisora, que sustituía a la maestra doña Salvadora en la clase de los jueves por la tarde.

Perfecto conocedor de la literatura, su pasión era Juan Ramón Jiménez y en particular *Platero y yo*. Era tanta su fascinación por aquella prosa sentimental y delicada que jueves tras jueves leyó e hizo leer a los chicos la historia del burro de Moguer; pero su porfía no terminó ahí. El pintor uruguayo Rafael Barradas permaneció durante una larga convalecencia en un pueblo próximo a El Salobral y a Calamocha: Luco de Jiloca. En él se enamoró de una paisana, la cortejó hasta seducirla y realizó numerosos dibujos a lápiz y a plumilla, así como el ciclo solanesco de *Los Magníficos*. Salustio fue a visitarlo y le entregó un ejemplar dedicado por el poeta. Le dijo: «Don Rafael, me gustaría que le hiciese dibujos para los chicos». Y así lo hizo, aunque se restableció y se marchó antes de que concluyese el libro. Dejó un total de 37 láminas a todo color de formato medio. Se dijo que Salustio persiguió al artista por Madrid, cuando empezó a hacer decorados de teatro y lo mejor de su pintura, y que le entregó un poco de dinero para que no olvidase el encargo.

Más de treinta años después, el bohemio preguntó quién era el alumno más inteligente de clase y el que tenía mejor letra. «Algás, Angelillo Algás», le contestaron. Y allí mismo, ante todos, aleccionó al niño para que cursase una carta al poeta que se había exiliado en Puerto Rico. La leyó en alta voz. Tenía un fino timbre de cantor y monaguillo. El objetivo de la misiva era que Juan Ramón Jiménez diese permiso para que se imprimiese una edición de *Platero y yo*, ilustrada con aquellos dibujos de Barradas, para los estudiantes de la comarca: Calamocha, San Martín del Río, Lechago, Luco, Báguena, Burbáguena, etc. El joven se había preocupado de explicar quien se encargaría de todo —«Salustio Bienzobas: profesor, hombre de letras y enamorado de sus palabras, señor poeta»— y recalcaba un ínfimo detalle que nadie entendió: el volumen llevaría en sus primeras páginas una rama de perejil impresa en línea verde. Al cabo de un mes, en la escuela se recibió una carta escrita a máquina, firmada por la desconocida Zenobia Camprubí Aymar. Angelillo Algás leyó de nuevo: «El maestro está enfermo y no se imagina muy bien el proyecto. Les agradece su interés pero les deniega el consentimiento. Ese país, que también es el suyo, sólo le trae ingratos recuerdos». Desolado, Salustio no quiso volver a escribir pero sí le enseñó a Angelillo Algás cómo debía mandarse un telegrama: el niño, en nombre de todos, felicitó al escritor cuando le concedieron el Premio Nobel de Literatura. Y a partir de entonces, nació otro rumor: se decía que, finalizada ya la *herencia italiana*, el bohemio vendía los dibujos de Rafael Barradas, alias *el uruguayo*, en Madrid y Barcelona para sobrevivir con la dignidad de antaño.

El Salobral era y es una finca paralela al río y al camino que conduce al convento de los Concepcionistas y atraviesa la fábrica de mantas Daudén, que tenía concierto con el ejército y fabricaba guerreras, capotes, embozos y gorras. En los alrededores crecen perales, manzanos y chopos. Un manto de tierra roja y llana avanza entre los lirios y los campos de alfalfa. Su vasto dominio se había convertido en el mejor refugio de Salustio, de sus amantes o amas de llaves y de su enorme perro Sarito. Desde la orilla del Jiloca seguía el tránsito del tren y su negrísima vaharada, oía su bufido evocador, su espasmódico traqueteo, saludaba si estaba de buen genio al maquinista Olegario Cerezo. Allí, en el caserón del siglo XVIII, se sentía muy cómodo, resultaba hogareño y dicen que también algo escandaloso en sus hábitos privados: más de una vez, cuando volvía en bicicleta de dejar a su novia en Los Gascones, Atín Sánchez —conductor de los coches de viajeros de su padre desde los once años—, oyó unos suspiros, unos quejidos acelerados y un grito final que se elevaba por los aires como un bramido de toro. De allí salió otra alusión procaz en las coplas que se cantaban en carnaval.

Pero lo más sorprendente de Salustio, ese episodio que forma parte de la leyenda, fue su historia de amor con Margarita Artal. Para muchos ella fue sólo un nombre, una aparición vespertina de El Salobral, el cuerpo intangible de un sueño de enamorado constante. Atín Sánchez lo niega. Dice que él mismo la trajo desde la estación: no se parecía en nada a ninguna de las otras dos. Era rubia, de una edad inconcreta pero muy joven y etérea. «No parecía de este mundo —relató Atín—. Me quedé mirándola fijamente como un tonto y cuando le di la maleta, ante el caserón, me dijo: "No enloquezcas. Soy de carne y hueso y a veces bostezo". Salustio salió a recibirla». Al poco tiempo empezó a vérsele a caballo, completamente desnuda o vestida tan sólo con un tul de muselina, paseando por la ribera del río, en los límites de la finca. No se fijaba en nadie: llevaba rumbo incierto, aplastaba la carne contra el lomo de la yegua y a medida que se alejaba se fundía con el horizonte, desaparecía como una amazona que se vuelve invisible de golpe.

El maquinista del tren que hace el recorrido Zaragoza-Teruel y viceversa la vio un día. Y otro día. La visión era siempre idéntica: aquella piel que se le antojaba de nata, el busto airoso, los pechos agitados violentamente por el galope del animal, la melena. Todos los pasajeros —sobre todo los asiduos— se percataron del fenómeno: Margarita Artal salía a caballo al atardecer en cueros. Al adentrarse en El Salobral el maquinista reducía la velocidad y se deleitaba con la aparición, que justificaba no sólo sus viajes y la rutina de las señales, sino que se levantase cada mañana. Su vida tardó en recobrar el pulso normal de los acontecimientos. Alguien se apostó entre los matorrales de la ribera y empezó a disparar al tren cuando había aminorado su marcha. Nunca se supo quien lo hizo cinco, seis o siete veces, pero todos dicen que fue Salustio Bienzobas. O sus amigos de parranda y de cacería, a algunos de los cuales había obligado a fuerza de pistola. Desde entonces, el tren pasa a toda velocidad por El Salobral.

Hemos dicho que en el pueblo —en las jamonerías, en las tabernas y en la barbería de Ciempicos— aseguraban que aquella mujer no había existido nunca. Después del incidente, ya no hubo dudas: para todos Margarita Artal era una invención más, un espejismo de mentes calenturientas como la del enamoradizo Atín o como la del maquinista Olegario Cerezo, que incluso presentó una denuncia por agresión en el cuartelillo y solicitó que le cambiasen de línea. Hace no demasiado tiempo, un hallazgo confirmó que Margarita Artal no fue un espejismo tan sólo: el cardiólogo Ángel Artal compró en el rastro de Zaragoza una edición no catalogada de una *Historia de Calamocha*, escrita por un tal Avechina, que fue secretario de Joaquín Costa en Madrid y experto en el cultivo del azafrán. En su interior halló la única foto que existe de esta criatura imposible, a caballo: el anciano Patricio Julve, no tan viejo entonces, la captó cerca del río cuando pretendía desmontar. La foto debió de ser tomada desde el tren porque está ligeramente movida, aunque el enfoque es correcto.

El cardiólogo ha puesto el retrato en un lugar principal de su biblioteca. Cada vez que alza los ojos y ve a la mujer con una nalga en el aire y uno de los muslos afirmándose en el estribo siente una indecible nostalgia y se lamenta de que Margarita Artal no fuese una antepasada suya. Y piensa en lo afortunado que debió ser el fallecido Salustio Bienzobas, enterrado a la sombra de una chopera, junto al río, bajo un epitafio que dice: «Cazó, amó y leyó a Juan Ramón Jiménez».

La sirena del Ebro

El pintor Eduardo Laborda llamó a la nadadora y le dijo: «Creo que ha llegado el momento de hacer tu retrato». Concertaron una cita en su taller y le enseñó la obra que conservaba en casa: todos los períodos de su trayectoria, la abstracción, las máquinas y los monstruos, las visiones de la ciudad, los mitos, los retratos y los desnudos. Y no solo eso: le mostró piezas insólitas de su colección personal, muñecas, grabados, carteles, dibujos, óleos de hasta tres siglos, con mimo, como quien desea introducir a alguien en un mundo apasionado y sensual que le es ajeno. Ese día, Eduardo le enseñó los primeros bocetos. La nadadora vio varios dibujos, a veces tocados de color, y se sintió sorprendida y satisfecha. Dedujo que el artista llevaba tiempo, meses, quizá dos o tres años, dándole vueltas a varias ideas; en cada lámina, al fondo se deslizaba el río, con un oleaje suave, bajo los puentes, entre piraguas o a la sombra de la arboleda.

La primera cita fue en invierno, y Eduardo esencialmente le hizo fotos con su cámara analógica, él y un fotógrafo auxiliar (había solicitado colaboración a José Miguel Marco, Oliver Duch, Guillermo Mestre y Judith Prat, uno por estación): le pidió que llevase varios vestidos de noche, sombreros y alguna instantánea que fuese especial para ella. La sesión habría resultado más breve, pero el fotógrafo auxiliar, Marco, le sugirió hasta trece formas distintas de colocarse un sombrero.

En primavera lucía un sol espléndido y ella posó con dos trajes de baño, uno de color carne y otro de tono azul celeste que había usado en la Olimpiada de Londres. Le rogó que se probase varios pares de zapatos con tacones y que mojase los pies en el agua. A ella le pareció raro, pero también pensó que el artista había leído todas sus entrevistas y que había hecho acopio de algunas de sus rarezas; ella había declarado a una revista que conservaba en su vestidor una colección de zapatos con elevados tacones que se ponía a la menor oportunidad y cuando se quedaba sola en casa, mientras leía en el sofá o veía la televisión. Eduardo y el fotógrafo Duch coincidían en muchas fotos, por eso el pintor decidió usar un objetivo macro para captar detalles de su rostro y del color de sus ojos.

En verano la retrató tendida sobre las briznas y le preguntó si se atrevía a deslizarse por el río. Le dijo que había alquilado dos socorristas y un barquero. Cuando iniciaba sus primeras brazadas, le rogó que cerrase los ojos hacia el sol desafiante. Sonó hasta tres veces el grito, amplificado, de su hijo: «Mamá, campeona». Fue una emocionante sorpresa. Mestre, el fotógrafo de esa estación, captó algunas cabriolas y esa espalda poderosa que también habría domado las asechanzas de la corriente de habérselo propuesto.

La última sesión, en pleno otoño, sucedió en un melancólico día de cierzo que la nadadora soportó estoicamente, rodeada de sus tortugas de distintos materiales, colores y modelos. Pensó, y así se lo reveló más tarde al artista, que se sentía más cómoda al ser observada por otra mujer. Judith Prat se aplicó en realizar retratos de media distancia que parecían agruparlo todo; en una de sus tomas, se alejó un poco y compuso una instantánea donde la nadadora era una pequeña parte de un paisaje grandioso con torreones, puentes, hoteles, palacios y un cielo tornasolado, lleno de pájaros de fuego.

Al pintor casi le costó otro año el retrato en el estudio. Hizo varias tentativas, y al final tuvo la sensación de que había logrado lo que quería: un cuadro apaisado de gran formato. En cuanto vio la pieza, la nadadora se quedó entre perpleja y un poco decepcionada. No era eso lo que esperaba: una mujer tendida, o sondormida, ante la corriente lodosa, perlada por un cabrilleo de oro. Nada más. Él le dijo: «Mira bien el retrato. Mírate. Ahí, aunque no lo parezca, está todo lo que te gusta, lo que te emociona y lo que te hace ser como eres: esa inmensa sonrisa de felicidad». Ella miró abajo, a la derecha, y leyó: «La sirena del Ebro. 2021».

Poco antes de irse, dos amigos le llevarían el cuadro a casa y se lo irían a instalar cuando quisiera, Eduardo la acompañó hasta la calle. Si subir no había sido nada fácil, bajar en la silla de ruedas tampoco lo fue. Cuando estuvieron en el rellano de la entrada, Eduardo sacó de una bolsa un libro. «Creo que el cuadro acabará por gustarte. Y en cualquier caso, siempre te quedarán estas fotos de recuerdo: 45. Como tus años. Diez de cada fotógrafo y cinco mías». La nadadora hojeó las páginas con una sonrisa. Cuando acabó, cerró el álbum y leyó en la portada: «Los placeres del Ebro. Un año con Teresa Perales».

Entre dos amores

En los pequeños barrios siempre hay ciudadanos que se imponen, que se hacen muy presentes, que parecen estar en todas partes. El mío es un barrio rural, vivo aquí desde hace quince años. No huía de nada, ni siquiera de mí mismo, pero busqué un lugar tranquilo y espacioso para instalar mi biblioteca y mi estudio de fotografía, las bicicletas y la modesta colección de arte que poseo. Salió una oferta y encontré una casa, un adosado en una urbanización de las afueras de Zaragoza, asequible y con muchos metros. Y aquí me trasladé. A Garrapinillos. Lo más curioso es que hacía muchos años había estado aquí en dos ocasiones: vine a la piscina municipal y a jugar al tenis con un amigo; más tarde regresé con otro compañero, fotógrafo y empleado de banca, y además de la pista de tenis descubrí otro espacio que me pareció paradisíaco: un gran bosque, donde se alternaban el viento y el silencio en la sombría intimidad de la floresta, rodeado por una especie de acequia. Al poco tiempo de instalarme —de instalarnos, en realidad, en la familia somos cinco, el matrimonio y tres hijos, dos de ellos futbolistas aficionados—, descubrí al lado de casa un todoterreno granate que aparcaba casi todos los días. No tardé en saber que era de Delfín, que vivía en el campo, pero solía comer en el edificio de varios pisos en el que residían sus sobrinos, mecánico él y enfermera ella, que eran casi como sus hijos. Los hijos más queridos de un hombre soltero y ya anciano.

No tardé en hacerme amigo de Delfín Larrosa Manzano. Ese era su nombre. Un día, así como quien no quiere la cosa, me dijo que estaba jubilado. Añadió: «Intento que nunca me falte faena». Y, en una de nuestras primeras conversaciones un poco largas, me contó que hacía de todo: preparaba la comida, si sus sobrinos y sus hijos llegaban tarde, carne a la brasa y ensaladas de tomate y bacalao desmigajado; iba a buscar caracoles tras la lluvia; sabía en qué lugar del monte crecían las setas; regaba los huertos y siempre estaba dispuesto para hacer recados: llevar a alguien a la parada del bus a Miralbueno, podar un huerto, salir de viaje con los jardineros de los viveros cercanos, ir a buscar piezas de recambio para el taller de su sobrino o trasladarse a la Federación de Fútbol con un chico lesionado. Delfín Larrosa era, también, el hombre imprescindible del Garrapinillos S. D. F. Podía ser masajista, utillero, limpiabotas, atendía a la lavadora, hinchaba los balones, trazaba las líneas de cal del campo, cortaba la hierba... Lo que más le gustaba era preparar los grandes asados de fin de temporada para todos los equipos, que suelen oscilar entre seis y diez, y los de cada domingo para el conjunto de veteranos. Juegan por sudar y almorzar luego, solía decir.

Uno nunca sabe cómo se establecen las amistades especiales, pero la que se tejió entre Delfín y yo empezó a parecerlo. Siempre tenía algo para mí, máxime cuando se enteró de que yo estaba interesado en redactar una novela sobre la historia del barrio. Era como mi fuente de documentación, y resultaba de lo más atrabiliario: igual me traía un informe sobre los regantes, el recorte de un crimen sin resolver en una torre en los años 50, una foto de juventud en las fiestas de la posguerra o la pequeña historia del aeropuerto próximo, que se denominó por un tiempo General Sanjurjo. Apasionado también de la Banda Municipal, había montado en globo con el director, Juan Carlos Roldán. Y no solo eso: cuando una veintena de instrumentistas del grupo subieron a lo alto de la torre de la iglesia y ofrecieron desde allí un concierto que daba las horas, de día y de noche, con una pieza musical, Delfín se atrevió a subir y a pernoctar con ellos ahí, sin apenas cabecear, y les preparaba bocadillos y les contaba chistes.

Siempre teníamos cosas de qué hablar. Y él, suave y tranquilo, parecía haberse preparado una auténtica batería de preguntas. A veces tenía la sensación de que ante mi presencia se volvía ansioso. Un día nos sentamos en uno de los bancos que hay frente al Centro Cívico, algo que era muy frecuente en mí porque solía sacar a pasear a mi perra Noa. Una mastina del Pirineo de fina pelambrera de nieve.

—¿Cómo va esa novela? ¿Cuándo la acabarás? —quiso saber.

—Trabajo en ella todos los días. Aún me quedan tres o cuatro años.

—Hombre —dijo—. Eso es más que lo que cuesta construir una urbanización entera. ¡Dónde vas a comparar!

—Por ahora solo tengo un paisaje, algunos personajes y bastantes datos sin mucha conexión.

—Chico, qué raros sois los escritores. Bueno, eres el primer escritor que conozco. En el pueblo hay otro periodista, pero eso debe de ser otra cosa. ¿Ya tienes todo lo que te hace falta?

—No se crea —le dije—. Me faltan personajes, un argumento interesante y una buena historia de amor.

Delfín no dijo nada. Respiraba con dificultad. Tomé yo la iniciativa.

—¿Y usted, Delfín, no sería un buen personaje? Seguro que hay cosas que no me ha contado… Su sobrino me dijo que había estado en África.

—Es verdad. Trabajé en el aeropuerto, luego en una empresa de caucho aquí al lado, en la Almazara de los Villarroya. Y de repente, en los años 50, salió un trabajo en África: estuve en cuatro o cinco países colocando traviesas para el ferrocarril. Allí aprendí el poco francés que sé. Pasé unos meses en El Cairo empleado en un hotel como conductor.

—Bueno. Esto se pone interesante, Delfín. Amores, ¿no ha tenido amores? —dije, sin demasiada clase, casi como si estuviese a punto de traicionar su amistad.

—De todo ha habido. Pero poco.

—¿Qué quiere decir?

—He querido a dos mujeres. Una me hizo poco caso y a la otra la embolicaron…

—¿La embolicaron?

—Sí, la embolicaron. Le hicieron creer lo que no era y a los pocos meses se casó con otro.

—Vayamos por partes —le dije intrigadísimo—. Empiece por la primera.

—Hazte a la idea de que se llamaba Irene, que era peluquera y que tenía su propio negocio aquí, aunque por las tardes también trabajaba en Zaragoza. Era una de esas mujeres que llaman la atención. Por todo: por cómo viste, por su belleza, por el pelo incluso, porque son garbosas. Irene era como una garza o una bailarina. Pensé que podría ser para mí. Y empecé a cortejarla: en el baile de los domingos, en las sesiones de catequesis, en los juegos de las fiestas, en los autos de choque, incluso en el estanco; he sido muy fumador. Lo máximo que logré fue que me saludase en la plaza. En una de las meriendas en Casa Indalecio, cuando salíamos, me puso la mano en el hombro y me llevó a un rincón, a un portal. Ni tuve tiempo para soñar. Me dijo únicamente: «No te hagas ilusiones. Estoy comprometida desde hace tiempo y muy pronto me iré de aquí». No me atreví a preguntarle nada. Agregó: «Te agradezco el cariño y la discreción». Antes de un par de meses se marchó y lo único que supe de ella por algún tiempo me lo dijo el farmacéutico Miguel Sande: que se había casado en Italia con un diplomático. Eso fue todo.

—Delfín, me dejas de piedra.

—He soñado muchas veces con ella. Y no solo eso: más de una vez me he imaginado que volvería o que cualquier día la encontraría en una revista de modas o en una película. Así de maja era. Mi madre me decía: «¡Anda, que va a fijarse en ti una jaquetona como esa!»

—¿Volvió?

—No te lo vas a creer. Volvió.

—¿Y?

—No sé a qué vino. Si no le pareciera una chulería, casi le diría que vino a verme.

—No me lo creo. Está jugando conmigo, Delfín.

—Yo creo que no estuvo ni tres días. Me buscó y me encontró. Recuerdo su coche: no soy un experto, pero le diría que era un Alfa Romeo. Cuando la vi me pareció que estaba dentro de un sueño. O en una pesadilla. O que veía visiones. Estaba aún más guapa. Me dijo: «¿Cómo estás, Delfín? ¿Tienes tiempo para pasear con una amiga del pasado?» ¡No iba a tenerlo! Subí al coche y me preguntó dónde quería que fuésemos. No se me ocurrió otra cosa mejor que el Parque Primo de Rivera, a un bar del Cabezo Buenavista. Se había hecho famoso por su música. Decían que se la llevaban los americanos de la base. Y no sé si me acordé o no, pero también empezaba a sonar el rock italiano. De ella se decía que andaba por Italia. Y allí nos fuimos. «Bueno, en realidad, somos dos desconocidos, Delfín, pero he pensado en ti. Un poco», me dijo. «No te preocupes. Seguro que no has pensado tanto como yo en ti», le dije. La frase me salió así de espontánea. Y no solo era sincera, hoy te diría que era una frase desesperada. Me invitó a cenar. Me contó algunas cosas de su vida. Era feliz, viajaba mucho, cambiaba casi constantemente de país de residencia porque seguía a su marido, embajador. No había tenido hijos. Y, en sus ratos libres, por pura pasión, se dedicaba a la peluquería y al cine. Había conocido a directores italianos y franceses. No sé mucho de eso, pero recuerdo que me dijo que en un par de ocasiones había peinado a Sofía Loren. Después de cenar, la acompañé al hotel y me invitó a subir. Antes de que pasase nada, me acarició, me besó dos o tres o cuatro veces como nunca me habían besado ni me volvieron a besar, y me pidió que nos fuésemos a la ducha. La verdad es que me intimidó un poco. Creo que no había visto nunca un hotel tan bonito ni una mujer así. Todo lo que te diga de ella es poco. Soy un hombre sin imaginación. Lo que sucede en una cama entre dos no le importa a nadie, pero aquel fue algo más que un regalo o una oportunidad de recrearme toda la vida. Si pienso en ella, y en esa noche, aún tiemblo. Algunos meses después, me escribió una carta más bien escueta. «Vivimos en Toulouse. Si quieres, te ofrecemos el puesto de encargado de nuestra finca y de nuestro jardín. Sé que sabes mucho del huerto. Le he hablado tanto de ti, que mi marido estaría encantado. Irene». Yo no sé si esto es o no de novela, pero no tuve coraje ni para aceptar ni para contestarle.

Casi me costaba creerlo. Habría pasado por ser la fantasía de un novelista o de un poeta. Con cierta brusquedad, le dije:

—¿Y la otra?

—Se llamaba Manuela. Manuela Roldán Luna y se apodaba La Perineta. Era menuda y bravía, con carácter y terquedad. Fue ella quien vino por mí. Sabía que yo estaba como un animal herido. Desengañado. Y empezó a tirarme chinitas: que si yo esto, que si yo lo otro, que si mucha palabrería y corpulencia, pero en el fondo molinicos de poca agua. Cosas de aquí. El amor es lo más raro del mundo y toma atajos imposibles. Hasta que me di por enterado. Una noche de las fiestas de septiembre, tras las vaquillas y el baile, le dije que no tenía valor para darse una vuelta conmigo por ahí, por las eras, por la plaza, podríamos ir a recenar a alguna taberna. Ella ni corta ni perezosa, me dijo, claro que me atrevo, Delfín, a eso y a más. Cerca de la Cuesta del Lobo la noté más cerca que nunca, la abracé y la besé..., que tampoco era lo corriente. La besé a toda prisa, sin tiempo de saborear con la lentitud que piden estas cosas. Y ella, me dijo: «Entonces, ¿qué, me querrás para siempre?»

—Esa mujer era valiente y decidida.

—Todo iba bien, muy bien, habíamos fijado fecha para las amonestaciones, pero se dejó engañar. Una vecina le dijo que me había visto con otra, no una, ni dos, ni tres veces, por

Zaragoza, paseando en los tranvías, tomando chocolate con churros en el Café Niké y en El Gambrinus, en Alaska... Y ella le hizo caso. No era cierto. Claro que no. Como si no tuviera otra cosa que hacer. Pero ni quiso oírme; ni a mí ni a sus padres, que se pusieron de mi lado. Se casó con un labrador que tenía oliveras, enviudó pronto con dos criaturas, resistió todo lo que pudo en diversos empleos, enfermó, la llevaron a la Residencia La Edad de Oro y allí la visité casi a diario hasta que se murió. Demasiado joven y abandonada por sus hijos. Tenía 67 años.

—¿De qué hablaban?

—No sé. De los vecinos. De mis sobrinos. De los caracoles que cogía en Torre Medina o en la balsa Larralde. Del fútbol, que le aburría mortalmente, y tuvimos que dejarlo. Y ella hablaba de sus recuerdos. De las fiestas, de sus tías lejanas, de un viaje que había hecho a Madrid, al Retiro y al Museo del Prado. De nuestro noviazgo. Una vez, poco antes de que perdiera la lucidez, me dijo: «Delfín, creo que me marcho al otro mundo y querría quedarme aquí contigo. Perdóname». Casi te diría que esa es la última frase que le recuerdo. A mí nunca me gustaron las letras, me mareo al leer, pero a ella, casi a diario, le leía el periódico: noticias de crímenes, de catástrofes y las esquelas, que eran su debilidad. Y las bodas. Le gustaban mucho las bodas de los reyes y todo eso.

Enmudecí ante la visible emoción de Delfín Larrosa.

—Como ves, dos vidas perdidas. Y todo por las lenguas del mundo.

—Perdidas y recuperadas al final, ¿no? —le animé.

—Iba a verla con la ilusión de un muchacho. Ese ha sido el mejor regalo que me ha dado el mundo cuando ya nada esperaba de la vida. Casi tres años. Mil cincuenta y seis días.

—¿Cómo era?

—Morena, de ojos claros, entre verdes y grises, con algunas pecas y con la picardía de una culebra. Polvorilla y graciosa. Sabía todos los refranes de la tierra y entonces, cuando yo la conocí, trabajaba en la panadería.

Se había hecho tarde. Era la hora de irse.

—Solo le quiero pedir una cosa —me dijo Delfín—: estas cosas no las sabe casi nadie; si las escribe, cámbieme el nombre. Y prométame que será usted quien me lea la novela. Yo ya no puedo. Veo lo justo para conducir y hace tres años que tengo el carné caducado.

Cardelina

A veces me preguntas qué llevo en mi maleta de madera barnizada. Qué hay dentro. Cuáles son mis secretos. Si te los dijese, ya dejaría de tenerlos y sabrías de mí casi tanto como yo. De mí, de mi corazón, de mis inclinaciones y de mi incertidumbre: soy soñadora, me distraigo y a la vez soy hiperactiva. No sé parar. Mi cabeza se acelera tanto como mi anhelo. O quizá debiera decirlo al revés. Mi ansia es como un relámpago que se escurre en el agua, como una tarde inaprensible donde restallan todas las pulsiones y la sensibilidad se vuelve comezón, angustia, sed de más vida. Alucinación de los besos. Quizá pienses que me embarullo o me aturullo. Y tienes un poco de razón. No sé si fui siempre así.

Vuelvo adonde quería. A mis secretos. A la maleta que me hizo mi padre durante varios días. ¡Cómo me hubiera gustado saber que la estaba haciendo y que era para mí! Me habría quedado observándolo sin conciencia del tiempo. Traspuesta. Poseída por el vértigo y la delicadeza de sus manos. Invadida por su ingenio, por ese virtuosismo que en él es lentitud, certeza, dominio de las horas y de la hermosura. Disculpa. Sé que pensarás: Ada se ha vuelto a ir, se pierde, naufraga en el océano de sus invenciones. Déjame que te transmita una última sensación: el taller de mi padre tiene una luz apacible de oro viejo y me hace pensar en el aire habitado de un cuadro de Velázquez. Sobre todo en 'Las Meninas'.

Ahora voy a ir directa al grano. Por lo menos a uno de ellos. No puedo contarte todo lo que hay en esa maleta, el diario inadvertido y misterioso de mi existencia, con todos sus elementos y estaciones de paso, con sus nombres, con ese amotinamiento de instantes donde me he sentido vivir y morir a un tiempo. Pero sí te voy a decir algo que llevo siempre a todas partes dentro de ella. Un retrato. Una pequeña foto de mis padres, Atilano y Lucía, que parecen besarse. Y él, el ebanista del que a veces te hablé, el hombre sutil que le inventaba nombres y le escribía cartas a su amada en un cuaderno con su lápiz de carpintero, cuando trabaja lejos de casa, él, Atilano, recoge la mano de ella y parece entrecerrar los ojos.

Ya sé que pensarás que estoy loca. Y no puedo contrariarte. Pero con frecuencia tengo la sensación de que esa foto de los años 60 o 70, juraría que anterior a mi nacimiento, tiene movimiento: mis padres bailan, se miran, se abrazan de una manera especial, no diré que voluptuosa pero podría ser voluptuosa, y luego mi padre recoge la mano de mi madre y la deja sobre su corazón. Allí reposa hasta que se queda caliente y dormida como una cardelina. Mi padre, y allá va otro secreto que te desvelo, solía decirle a mi madre a cualquier hora: «Cardelina. ¿Por dónde vuelas, criatura?»

La sirena rusa

«Tengo una sirena y se llama Irina», me escribió un día el pintor Alberto Carrera Blecua. Así empezaba su carta. «Te lo cuento, pero sé bien que nadie me creería. Quizá ni tú, que llevas famas de ser entendido en ellas». Con su caligrafía particular, a varias tintas, negras, azules y parduscas, me contaba la historia. Hubo una vez que decidió cambiar de vida: Huesca se le hacía demasiado pequeña y opresiva, y necesitaba ensayar una nueva libertad, la vecindad de otros olores, junco, salina y canto rodado en la arena, junto a esos despojos de madera que trae y llevan las aguas: árboles esculpidos de olvido con el corazón astillado al sol.

Allá se fue. Con sus pertenencias: los cuadros, los dibujos, los bocetos, todas sus carpetas, su tumultuoso diario de vida de artista en marcha. Pero también se llevó otras cosas, la moto, un coche y sus pasiones: la música, los libros de ensayo, arte y poesía, y una experiencia densa en viajes, exposiciones y, probablemente, en amores. Solía decir que su maleta estaba tan colmada que a veces no le cabía ni el alma. Junto al Delta de Ebro rehízo su tiempo, reconquistó su intimidad y labró el jardín marino de sus sueños.

Una noche, tras haber asistido en Tarragona a una exposición de Antoni Tàpies, a quien había admirado en algún momento de su vida, se percató de que no había forma de conciliar el sueño. Hizo algunos dibujos, releyó versos de José Ángel Valente, Matsuo Basho y de su paisano Joaquín Sánchez Vallés —«nadie sabe que uno de mis poemarios favoritos es *Preludio y fado*», revelaba—, pero no había forma: hiciese lo que hiciese ni se sentía a gusto ni podía dormir.

Decidió salir a pasear un poco. La noche era especialmente acogedora, casi de plenilunio, y una indecisa niebla nocturna hozaba en el agua. «Sobre un montículo de arena, la vi. Si digo que me pareció una aparición, peco de falta de imaginación; si digo que era un ángel, resulto cursi. Me acerqué un poco más, y la miré con absoluta nitidez: el cabello rubio, largo y lacio, la espalda más clara que dorada, y la cola brillante, una aleación de brillos, texturas y olores salobres. Era una sirena». Avanzó unos metros, y ella, suavemente, se echó a nadar.

La vio varias veces. Asegura que canta un poco. Jamás le permitió que se aproximase. Si lo hace, emprende la huida. Le contesté con naturalidad —«siempre has sido igual, Alberto. ¡Lo que no te pase a ti!», le decía— y quise saber por qué creía que se llamaba Irina. Alberto Carrera Blecua, que siempre era solícito y proclive a las confidencias, me remitió su cuaderno de dibujos: a lápiz, a carboncillo, a acuarela, al pastel; había hasta un par de fotos un tanto borrosas de la joven. Se había fijado en todo, y había cabezas, bustos, brazos, senos, la larga cola y sus destellos, los lugares donde aparecía o se guarecía. En efecto, resultaba estilizada y en las dos instantáneas tenía esa atmósfera onírica de lo irreal. Había cuarenta y tres imágenes de todo tipo: imágenes limpias, de dibujo a mano alzada, otras intervenidas con diversos matices, rayas, manchas de color, y leyendas del tipo: «En otro tiempo volaron», «canta como un suspiro lánguido que se pierde hacia el mar», «en el colegio, Javier Carnicer, futuro poeta, siempre preguntaba si habría sirenas en el Guatizalema o en el Flumen». Y, como era de esperar, Carrera Blecua respondía a mi curiosidad: «Después de esto, lo entenderás perfectamente. Una mujer así, tan fina de talle, con ese porte de ondina, hecha de aire y fantasía más que de carne y de huesos, solo puede ser una sirena rusa. E Irina es el nombre más bello que conozco». Firmaba: «Tu amigo, Alberto».

Recibí este segundo envío seis días antes del accidente mortal que le arrebató la vida.

Amor

Un día se atrevió a cruzar la calle. Llamó al timbre de su bella vecina y se lo dijo: «Te veo a diario, cómo entras y cómo sales, tan elegante, tan bonita, con tus pamelas y tus zapatos, con esos vestidos rojos. Me he enamorado locamente de ti y querría saber qué tengo que hacer para que me quieras. Quiero casarme contigo». La mujer, de una hermosura deslumbrante, más misteriosa que propiamente simpática, sonrió, lo miró de arriba abajo, apenas diez o doce años de candor, pensó, y le dijo: «El día que lances una manzana al espacio y se quedé volando entre las nubes, ese día me casaré contigo».

El joven se dio la vuelta. Compró manzanas de varias clases en Fruterías Manso y se subió a la terraza de su casa. Y allí, por la mañana, al mediodía o cuando caía la tarde, lanzaba las manzanas al cielo. Todas, todas, caían al vacío, desaparecían en las calles o se estampaban en la propia terraza. Nunca se desesperaba.

Todos empezaron a pensar que se había vuelto loco, hasta su propia madre, que se llamaba Carolina Adán. Un día fue a otra tienda de frutas, que estaba algo alejada de su barrio, compró una manzana reineta y la tiró con una suavidad inusitada. No se lo podía creer: no bajaba, no bajaba, y eso que esperó y esperó hasta que se hizo de noche cerrada. Sigue ahí arriba, volando entre las nubes como un pájaro diminuto que se ha vuelto invisible.

Regresó a la casa de su amada. «Lo he logrado», le dijo. Y ella, sin perder la calma, le contestó: «Llevo casada dos años, siete meses y tres días con sus noches. A ver cómo le explicó a mi marido que tenemos que divorciarnos».

El despertar

En el sueño tenía la sensación de que aquella situación me era muy familiar: una casa con jardín, una presa, el huerto de frutales, un inquietante clima de tensión. Yo andaba por allí, juraría que recogiendo higos, y de pronto entró un hombre enfurecido, con una escopeta. Me dijo que venía a matarme, que nadie iba a salvarme esta vez. No sé cómo, pero logré escapar por un sendero de nieblas. Gritó, me persiguió en vano y dijo: «Las pagará tu marido». Al cabo de un instante oí varios disparos. Pensé lo peor… La angustia me desveló, busqué a mi esposo y allí estaba, en la cama, envuelto en un charco de sangre que ya empezaba a empaparme.

A orillas del río Ara

Me dijo: «Mira, esa es mi casa. Casa Felices de Jánovas. Es la casa de mis antepasados: mis abuelos, mi padre, que se fue de aquí de chaval y siempre quiso volver. También podría haberla llamado Casa del Sueño. Nunca he dejado de venir, y ahora es mía. Mía y de ella. Dentro trabajan los canteros, los albañiles; y nosotros, muchas horas. Nos asomamos a las ventanas aún desnudas, y desde aquí vemos el horizonte. Lo veo tan limpio e inacabable que imagino que tiene el tamaño de nuestro futuro». Luego, quiso hablarme de ella. Rosario. A veces Rosa, a veces Charo. A solas, Monín. Tuve la sensación de que, sin decírmelo, me contaba el cuento que le rondaba por la sangre a cualquier hora. El cuento que vivía y el cuento que le quedaba por vivir. Por la noche, en la verbena, La Ronda de Boltaña atacaba tema tras tema. Sonó 'Habanera triste', y después 'La casa vacía'. Los vi bailando a los dos. Ella delante y él atrás. Cerca, muy cerca, tocándose suavemente, deshaciéndose en el idioma de la esperanza. Como si él le abrazase los pechos y se anudase a su espalda con un ritmo más festivo que lujurioso, con esa naturalidad de los que aman, seguros de sus besos y de su aliento de lumbre. De repente, se cruzaron nuestros ojos, y él pareció asentir. Entendí que me decía: «Es ella, sí. Esa mujer de la que te hablaba, la ondina con la que ansío vivir a orillas del río Ara». Dejé de mirarlos porque no quería interrumpir su felicidad: la música les devolvía, estrofa tras estrofa, una casa habitada a la sombra de un inmenso nogal, abierta a los vientos y a las aves.

El hombre que vuela

Mi cuñado José Antonio Ortuño es de Orihuela, la ciudad del poeta Miguel Hernández, y se ha dedicado durante años a la cría de cerdos y a algunos negocios del hielo. Vive en pleno campo, rodeado de naranjos y de la exuberancia de la huerta. Es un hombre sencillo y diáfano, afectuoso y vitalista, de ésos a los que casi nunca desarman las circunstancias. Hace algún tiempo le han detectado un grave problema en los pulmones que le impide trabajar. Una fibrosis. Ha tenido que abandonar sus quehaceres, que había heredado de su padre. Está pasando las navidades aquí en casa, en Garrapinillos, y ha vivido unos días complicados. Una gripe violenta ha acentuado su disnea, sus dificultades de respiración.

Esta mañana, durante el desayuno, ha contado que desde hace algún tiempo tiene un sueño recurrente: planea por el aire como un pájaro y vive una sensación muy placentera. Pensamos todos que bromeaba. Con seriedad, este hombre poco dado a los excesos de la imaginación ha dicho: «Ese sueño lo he tenido varias veces. Inicialmente, busco un barranco no muy abrupto, como si quisiera hacer una prueba de vuelo. Cuando estoy más o menos seguro de que puedo volar, subo a una colina más alta y desde allí me arrojo al vacío. Inicialmente, me voy hacia el fondo, pero pronto, merced a las corrientes de aire y al movimiento de mis brazos, remonto el vuelo y planeo como un pájaro. Me cruzo con las aves, las miro, me miran, y contemplo desde arriba la ciudad, la montaña, los campos de naranjos. Es una experiencia muy bonita. Muy agradable».

Le preguntamos si tenía dificultades para volver a pisar el suelo. Contestó con absoluta calma: «En el sueño no aterrizo jamás».

Hueles de maravilla

Podría haberte escrito esta carta hace muchos años. Algo he sabido de ti, y la verdad es que la primera vez que te vi en los periódicos me costó reconocerte. Saber que eras tú, aquel niño silencioso, poco hablador, no sé si decir tímido o vergonzoso, con el que me crucé con diez o doce años. No sé si tú alguna vez has pensado en mí. Bueno, en nosotros. Nos conocimos, o mejor dicho, nos vimos en una verbena: el lugar era un poco oscilante de nombres, unos decían que era Fortesende, otros lo llamaban El Valle, hasta en la aldea existen las fronteras imaginarias, y el pueblo también era evocador: Loureda. He leído algunas de tus cosas, he visto cómo nombras a algunos personajes, y sé que no te has olvidado ni de esos topónimos ni de otros como Foxo, Igrexario, Hervedíns, Lama Má, Regocheo o Marciñado.

Quiero suponer que tampoco te has olvidado de mí. Tocaba la orquesta Bellas Farto y nos vimos. Tú venías con aquel chico, tu primo, no precisamente muy bien parecido. Silvio 'Sietecabezas', así lo llamaban. En la penumbra del baile pasó algo: observé cómo te acercabas, ibas y venías, durante cuatro o cinco piezas. Y cuando la solista y pianista cantó 'Yo no soy esa' os acercasteis. Yo bailaba, como casi siempre, con mi prima Marilena. Accedí a compartir aquella pieza contigo. Era bonita, era romántica y a la vez mostraba un poco de desafío: Mari Trini, que la había popularizado, parecía una mujer de rompe y rasga, vulnerable como una finísima copa de vidrio. Fue un instante mágico. Bailar agarrados tenía su encanto. Y esa primera noche bailamos bastante, por lo menos una docena de piezas. Me di cuenta de que te gustaban mucho las de Juan Pardo y que parecías mejorar tus patosos movimientos. Yo creo que no dijiste ni una palabra. Al final de la noche, las tres de la madrugada, pleno verano, creo que musitaste en mi oído: «Gracias. Qué bien bailas». Y digo creo porque eras tan vergonzoso que había que arrancarte las palabras.

Las verbenas duraban tres días. Fue como si nos ennoviásemos con los movimientos y con nuestro silencio. A lo largo de la tercera noche la cifra de piezas habría ascendido a veinte o más. En 'Un mundo nuevo y feliz' de Karina te aproximaste más, bastante más, y cuando nos soltamos me regalaste un piropo, lo recuerdo muy bien: «Hueles de maravilla». No sé si tú quisiste saber algo más de mí, si preguntaste, si me hiciste algún comentario cuando te dije que Marilena estaba un poco incómoda con Silvio y si podrías traer a otro compañero. Yo sí quise saber algo más de ti, y algo supe: de dónde eras, por qué venías a las fiestas, por qué hablabas tan poco o mejor dicho casi nada. Me contaron vaguedades de ti: eres la debilidad de tu tía, tenías muy buena memoria, ibas al mar a pasear tú solo casi todas las tardes, dibujabas bastante bien, jugabas de maravilla al futbolín en el bar de Lourdes (no sé si tú también ibas allí solo por verla, como medio pueblo, porque parecía una auténtica mujer morena salida del cine) y te gustaban mucho los caballos. Tu tío Manuel tenía tres y tenías predilección por uno, manso, pardo y gigante, al que llamaban Louro.

Repetimos aquella misma escena durante dos veranos más, y un día te dije: «Podrías decirme algo más si te gusto». Te soltaste: sé donde vives, cómo es tu casa, sé que tienes una hermana pequeña, Clarita, y sé que tu madre es modista y que por eso parece que siempre estrenas una falda, una blusa, un short. Nadie viste tan bien como tú. Chico, me sorprendiste del todo: a nadie le amarga un dulce. Lo que más me emocionó fue cuando te oí decir en la última noche del tercer verano: «No sé cómo se dice algo así, pero quiero que lo sepas. Nunca he visto a una chica tan bonita». Tengo algunas fotos de entonces de Pepe Castro y Manolo Blanco de Rorís, los dos fotógrafos que rivalizaban entre ellos no solo por los clientes sino por las mejores placas, y me veo igual que las demás. Una de tantas. Como decía mi madre, por ejemplo, Marilena no era nada pero que nada fea. «¿Por qué no vienes a las fiestas de mi pueblo?», te pregunté. Entonces no era nada fácil: no había coches de línea a deshora desde Vilarrodrís a tu pueblo y a lo mejor no había nadie que te devolviese a casa al final del baile.

Viniste una noche, sí. Una sola noche. Fue todo muy bonito. Volviste a casa andando. Entonces, hacíamos tantos kilómetros a pie, de verbena en verbena, de fiesta en fiesta, que no era nada extraño. Me lo contaste en una carta que tenía muchos dibujos de caminos, del cielo estrellado, de los acantilados, luego el puente del río, y pocas frases. En la más bonita habías puesto: «Se me hizo corta la oscuridad. No dejaste de alumbrar el camino». Recuerdo que paseamos un poco con Marilena y con un nuevo amigo que trajiste, Pampín, y que de vez en cuando nos rezagábamos un poco, ellos y nosotros. Creo que se besaron en el parque, bajo un sauce llorón. Tú no te atreviste a tanto, aunque en el baile creo que me abrazaste de un modo especial y yo diría que cerraste los ojos, como si quisieras soñar, y me besaste el pelo cuando Santi Par entonó 'Anduriña': «En Galicia un día yo escuché, / una vieja historia en un café. / Era de una niña que del pueblo se escapó, / Anduriña joven que voló». Desde entonces aquella fue mi canción favorita. Han pasado más de 40 años y lo sigue siendo.

Todo lo que pasó luego fue más bien desconcertante. Volvías a casa del colegio en el bus de línea que paraba ante mi casa. No dejabas de mirar. Te vi. Volví a verte. Era como la cita de dos mudos que tenían un mundo de confidencias que decirse y no sabían ni cómo empezar. Y no solo eso, estuviese donde estuviese, a las ocho menos veinte era mi hora secreta, vedada a todos y a cualquier cosa. Hacía lo imposible para estar allí, ante el pequeño huerto y jardín, esperándote, ante la señal de la parada. Ahora hay una marquesina para resguardarse de la lluvia y del frío. No pasaba nada excepcional:

siempre ibas en un asiento, al lado de la ventanilla y me mirabas, me saludabas con la mano e incluso me lanzabas algún beso. Siempre te los devolvía. ¡Cómo me hubiera gustado que alguna vez fuesen de verdad! Marilena me dijo un día: «Alondra, hay besos que son más ricos que un flan, una onza de chocolate con almendras y las primeras cerezas de mayo. Pueden llegar hasta el fondo del paladar».

Un día me atreví a acercarme porque había escrito en un folio: «¿Por qué no bajas y coges el siguiente bus?» Aquel día no lo hiciste, pero sí día después. Y cuando bajaste me dio un vuelco el corazón. Diste alguna explicación a Mario Mariño, a Faustino Dopazo, vecinos nuestros, pero al final hiciste lo que tenías que hacer. Te quedaste conmigo. Y nos fuimos hacia un bosque de eucaliptos. Hablabas tan poco que tus ojos y tus silencios decían mucho más que tus palabras. Bueno, yo creo que lo decían todo. Esas frases que yo esperaba, las que yo soñaba por la noche, las que me atrevía a escribir en mi diario, todos los adjetivos y sustantivos los llevabas en los ojos, en las manos temblorosas, hasta en tu desaliño tan simpático.

Repetimos nuestras citas por lo menos un mes o quizá hasta casi dos. Pero como todo se acaba sabiendo, un día mi padre interrumpió nuestro paseo y quizá algo más. Nunca te pasaste de la raya. Y te dijo: «Si te vuelvo a ver por aquí te parto las piernas». No lo habría hecho, creo yo, pero a ti te impresionó tanto que se acabaron las citas. Dejaste de coger el bus para verme. También dejaste de ir a las verbenas. Fue como si hubieras desaparecido para siempre.

Algunos años después te vi en la prensa y, como te decía, supe que eras tú. Habían puesto tu nombre a una biblioteca y convocaban, con carácter bianual, el premio de pintura y fotografía, Tonio Soandres, dedicado al mar, que era el tema predilecto de tu obra. Una vez leí una entrevista donde decías que el artista que más te había impresionado era un tal Urbano Lugrís. Me interesó su trabajo, creo que por amor a ti exclusivamente, al menos al principio, y que busqué sus cuadros, sus catálogos y su leyenda de bohemio y soñador, porque era un artista con leyenda, en Malpica, en La Coruña y en Vigo. Lo entendí todo: era como un ser de otro tiempo y de otro mundo entregado al mar y a sus sirenas, sus olas, sus puertos y esas noches en que las estrellas lloran lágrimas de oro sobre la arena.

Perdona. Me he alargado en exceso. He rebasado con mucho el límite de las cartas de amor del día de San Valentín que invita a publicar nuestro periódico *La Voz de Galicia*. Por lo tanto, esta es una epístola imposible que nunca verá la luz. Y lo lamento de veras. Me habría gustado que, aunque solo fuese por puro azar, pudieras leer esto y saber que en el fondo del tiempo sigues danzando alrededor de mi vida. Por si quisieras saberlo, he sido profesora de arte, he tenido una galería en La Haya y otra en Edimburgo. Hace unos años abrí la casa de mis padres donde he instalado mi colección de arte. En el comedor he colgado una de tus mejores piezas, la compré tras tu exposición en la Fundación Luis Seoane (bueno, la compraron para mí): 'La lentitud de la memoria'. ¿Te acuerdas? Seguro que sí. Esa barca que sale del puerto con dos adolescentes a bordo que desafían el mar infinito.

3 - Obra en marcha

Gaspar

Un día llegó un nuevo profesor. Era complementario de nuestro maestro de siempre, Delmiro Cabanas, el que nos ponía historias bíblicas en filminas los jueves y nos hacía improvisar un cine doméstico que resultaba entrañable. Tenía la piel morena, el pelo corto y ensortijado, y buen carácter. En cuanto cogió confianza, se sumó a nuestros partidos. Pronto se percató de que teníamos una pelota mala, de goma, poco idónea para el fútbol, salvo para Fabeiro, capaz de domar formas ovaladas o trapezoidales de cualquier material. Una mañana trajo una de caucho, blanca, con grandes letras que ponían Curtix. Me llamó y me dijo: «Este balón es mejor que el que tenéis. Tú te encargarás de él». Lo hice: lo llevaba todos los días a la escuela, y jugábamos partidos heroicos en el recreo y después de comer, antes de entrar a las clases de la tarde. Allí siempre estaba don Gaspar, que pronto pasó a llamarse Gasparo para todos y fue uno de los nuestros, con sus más de cuarenta años a cuestas y un traje negro que parecía resistirse a las arrugas y a las caídas. Disfrutaba como el que más y tenía apetito ganador. Le dolía perder, y aún le dolía más que lo regateásemos. En otra época debió ser centrocampista, de esos que no paran de correr y que lo hacen todo: suben y bajan, basculan en todas las direcciones hasta que se sienten dueños del baldío. Ganase o perdiese, y acostumbraba más bien a perder, era altivo como un gladiador, luchaba hasta quedar exangüe. Un día nos reveló: «Al fútbol se juega para ganar, pero si pierdes haciéndolo bien, no es una deshonra. Es una modesta forma de triunfo».

Aquel fue un curso fantástico: nos enseñaba los campos de fútbol y los vinculaba a los ciudades (Pasarón y Pontevedra, La Rosaleda y Málaga, Los Cármenes y Granada, Las Gaunas y Logroñés, Altabix y Elche, La Romareda y Zaragoza, cómo no, Riazor y Coruña), nos hablaba de futbolistas que admiraba: Ben Barek, el artista de su niñez; Glaría, el de la cara marcada; Marcial Pina Morales, el estilista de sangre fría e inteligencia caliente. Y un tal Manolo Velázquez, el poeta ambidiestro, elegante y menudo, con alma de director de orquesta y un regate inverosímil. Así lo decía. Fuimos felices: estudiábamos un poco más, hacíamos los mejores dibujos, le pintábamos los estadios con arabescos e incluso los banderines del córner. Y jugamos como nunca. De aquellos recreos, nació un equipo de infantiles, que integraron Pedro, en el marco; Lisardo, Da Fonte, Carnota; Rebolo, Chago Villaverde; Xanín, Fabeiro, Novo, Castriño y Lavandeira. «Si os lo proponéis seréis los mejores». En cierto modo, lo fuimos. Tumbamos hasta al Paiosaco, que lo ganaba todo, en su campo de A Porta Santa. Lo celebramos en la explanada de la feria con bocadillos de chorizo, jamón y sardinas en aceite.

Llegó el fin de curso, y Gasparo me dijo: «Creo que tienes que devolverme el balón». Lo entendí perfectamente. Cuando puso el coche en marcha (lo habían destinado a Sada), se paró, abrió la ventanilla y me dijo: «Era broma. Es tuyo para siempre. Así mientras dure os acordaréis de mí». Duró poco; se pinchó en el muro del doctor Amenedo, sembrado de cristales, y acabó rajándose. Fue Fabeiro, el mejor de todos nosotros, quien cavó un hoyo y lo enterró como si fuese un auténtico muerto de la familia.

Algunos lloramos, nadie tanto como Pedro, o Pedriño, el portero, que era el más sentimental y romántico del grupo, y se había ennoviado con Donicela, la hija de Gasparo. Él, en realidad, perdía más que nadie. ¿A quién le dedicaría ahora sus prodigiosas paradas?

De vuelta a casa. Inés do Estanqueiro

Fue en mi último regreso a casa.
A la casa que ya no es mi casa
pero sí el escenario de mi memoria,
el plantío de mis mejores recuerdos.
Un familiar se cruzó con una mujer
y se saludaron. Hablaron un rato,
y al cabo de unos minutos, dos, tres,
él le dijo a ella: «No sé si lo conoces.
Es de aquí, vivió ahí muchos años,
al lado del Campo de los Bosques».

Ella no me reconoció, no podía hacerlo,
pero yo sí: Inés do Estanqueiro. Hasta
conocía su apodo: A Rañalesa.
Era una joven especial: pelo corto,
casi siempre a lo chico, pantalones
vaqueros y estilosa en el fumar.
Parecía vivir del aire. O de la lluvia.
Iba de bar en bar con todo el tiempo
del mundo y una aureola de pecadora,
que entonces significaba ser libre,
disfrutar aquí y allá, internarse
en conversaciones ajenas, razonar,
hablar de esto y de aquello sin énfasis.
Y esto y aquello podía ser una plaza
nueva, la floración de los cerezos,
la soledad de un puente surcado por el río
o la muerte de un marino.
No le gustaba el fútbol, sí los coches,
pero podía desarmar a cualquier
con relatos del pasado épico:

Acuña, Suárez, Manolete, Arsenio,
o aquel extremo, el Violines, que
se ondulaba el pelo con un peine de cuchillas
y decían que era su única debilidad.

En realidad, sabía más de lo que aparentaba.
Más que desafiante, era discreta. Vista y no vista.
Decían que en el bar Rompeolas tenía
una habitación para sus rutinas.
Debían ser muchas e imaginativas.
Le atribuían tantos amantes como aventuras,
y casi todos, al calor de las fogatas
y bajo una umbría de abedules,
teníamos un cuento de ella que contar:
cuánto le enseñó a Lino das Veiras;
cómo sufrió con Marceliño de Aián,
tan brusco como un caballo salvaje;
qué bien abrazaba el lateral Cardeira.
Decían que a nadie le hacía ascos:
ebanistas, carpinteros, banqueros,
sobre todo los que jugaban a ser caciques
o los que organizaban cine erótico los jueves.
Y decíamos otras muchas cosas. Lo que no sabíamos,
que era casi todo, nos lo inventábamos.
Era un recurso. Un pretexto. Nadie,
nadie, ni los que habían estado con Inés
por una paga de domingo, lo revelaban.

A mí también me tocó el ritual
cuando me hicieron capitán del equipo.
Primero en juveniles y luego en modestos.
Siempre con Pepe Lañas en la banda.
Lo que me empujó fue mi curiosidad,
aquel primer fuego en el cuerpo que abrasa
y no se aplaca ni en la más febril soledad,

pero sobre todo el ariete Romeiro de Leis,
aún más desesperado de amores que yo.

A él se lo tuve que contar todo.
Que fue poco. O casi nada de lo que esperaba.
Más que ardiente o fría, era maternal.
Era consciente de su cometido.
Impartía sus lecciones con delicadeza,
sin forzar nada, como si el tiempo
se paralizase en su boca y en su dedos.
Y cuando la cosa no funcionaba,
y el ardor era sometido al miedo,
como me sucedió, se relajaba, bebía
un poco de vino, y mostraba,
como si estuviera confiada o distraída
su mejor desnudo, los senos turgentes,
el vello del pubis, la respiración suave,
y hablaba y hablaba como quien ofrece
un refugio a la pena y la vergüenza.

No pasó nada y quizá sucedió todo.
La recuerdo tendida, con el cigarrillo,
preguntándome cosas: de la vida,
de mis novias imposibles, de mis sueños
de futbolista, de eso que ya se sospechaba,
que iba para poeta. Y la recuerdo,
sobre todo, diciendo: «No te preocupes.
El amor es una batalla contra el miedo.
No temas: no tardarás en ganarla».

Lo más bonito fue que me regaló
el libro que estaba leyendo.
'Madame Bovary' y que me devolvió
todo el dinero concertado, en un sobre,
y las hojas secas de un rosa roja.

A Romeiro de Leis le dije la verdad.
«No me extraña que te haya vuelto loco.
No sé si habrá algo igual:
Inés besa de pura maravilla».

Me habría encantado decírselo a ella
ahora, años después, de vuelta a casa.

Mi actriz que conmigo va

Querida Laura.
No sé cómo empezar ni cómo dirigirme a ti.
Acabo de oír tu voz: cantas en alemán,
sonríes, dices palabras bellas, que eran
las que salían de tu boca con naturalidad.
No querías molestar ni al viento
y sabías que dentro de ti, en la sangre
o en la piel dorada, viajaba una actriz,
decías, mi actriz, esa mujer o musa
con la que hablo y que me revela.
Te rebelabas de buenas maneras,
con tu rostro picassiano, imposible
y hermoso, esa simpatía a bocajarro
e irreductible que era, en primer lugar,
un manifiesto de bondad y de certezas,
el montaje de una película hecha de eternidad.
Esa actriz eran varias criaturas, híbridas,
mujeres de seda y fuego, sensibles
a las cerezas de mayo y sus tintas,
esbeltas como flores azotadas por la brisa,
indomables como un oleaje de ternura.
Esa actriz eran mujeres griegas, lejanas,
remotas, princesas, madres de los jinetes,
madres del pueblo que dan de beber a sus retoños,
reinas que pierden la cabeza por un loco amor.
Mi actriz, decías, podría ser una extraterrestre,
una valquiria a orillas del Rhin o del Danubio,
o una Scherezade soñada que habla y habla
hasta que todos los vocablos se hacen
poema, narración, novela fascinante de la luz.

Querida Laura.
Guardo tus mensajes, tus escritos,
y recuerdo tu perfil único, incomparable.
Tu esponjosidad de nube y el abismo de tu alegría.
Nos has dado tanto que casi asusta
quedarse seco, exangüe, en el desconcierto
de la ausencia y sus páramos de silencio,
sin esa ráfaga imprescindible de humor,
que fue tu gran cometido, la tarea esencial,
destino, azar y vocación: embellecer la vida.
Lo hiciste. A todas horas, en todos los medios
y en cada rincón. Tus ojos de diosa cotidiana
poseían el hechizo de mirar sin miedo,
la profundidad de quien se arriesga a ser
y a confesar: «Soy graciosa porque amo la vida».
Esa vida que te sobrevive hecha memoria,
chiste, amistad, sueño, teatro, amor, canción y guitarra.
Esa vida sin sombra que nos devuelve de ti
una inmensa arboleda de carcajadas.

Casa Indalecio

A menudo tomó café en Casa Indalecio.
Es uno de mis placeres favoritos:
me siento en una mesa y leo la prensa.
La hojeo, la ojeo, repaso artículos que me interesan
y casi siempre sucumbo a las entrevistas.
En realidad, y no tiene importancia alguna,
siempre empiezo por la sección de Cultura.
Suelo escribir en las páginas de publicidad: citas,
nombres, títulos de discos o libros que desconocía.
De repente, aparece José Luis: el dueño y camarero.
Me deja una libretita y un bolígrafo. «Recomiéndame
un libro. Los cuatro últimos me han gustado mucho».
A veces, me pregunta por mis cosas: un programa
de televisión, una película o quiere saber,
y es muy emocionante, cuando saldrá mi próximo trabajo.
Suelo llevárselo. Pero, a veces, lo compra
y me sorprende. Anda, dedícame este ejemplar
y dime una cosa: ¿sale todo de tu cabeza,
es pura imaginación o te cuentan historias?
Las dos cosas, le digo.
Hoy ha vuelto a hacerlo: me ha pedido
que le recomiende lecturas. Solo dos autores.
Y al final han sido cuatro: Félix Teira, Julio José Ordovás,
Menchu Gutiérrez y 'La magia del silencio',
de Florian Illies, sobre Caspar David Friedrich.
Lo hago porque sé que le apasionan los viajes.
Tiene fotos de muchos de ellos. Adora Petra.
Y el 'heavy metal'. Y el grupo Pedro Botero de Casetas.
A menudo, por la razón más inesperada, inventa un pretexto
para no cobrarme el café. Noto que también eso
le hace feliz. Si me resisto, sin ánimo de discutir,
dice: «Sé que aquí te sientes como en casa.
Estoy seguro de que allí no te cobran nada».

Autos de choque

Bertiño dos Santos tenía un padrino envidiable. Venía poco por la aldea, pero cuando lo hacía nos asombraba a todos. Conducía un Dodge negro, que ocupaba toda la carretera, y siempre le traía regalos insólitos: barquitos de madera, instrumentos musicales, un violín, una guitarra flamenca, una zanfoña de tamaño reducido, y balones de reglamento. Así les decía él. Desiderio do Sil era increíble, simpático, hablador hasta aburrirnos, y muy cercano. Quería saberlo todo de su ahijado: si le iba bien en clase, si ayudaba a su padre en el prado, si manejaba el carro de dos vacas él solo, si no le faltaba al respeto a los mayores. Y si seguía dando pan y fruta a los pobres que piden por las puertas: Lelo de Monteagudo, Xosé Melgás, 'don Xosé el romancero', Fuco de Esmelle... Desiderio era hermano de su madre, Laura, una mujer melancólica que siempre andaba por la huerta y el jardín tupido, pero no por las fincas; ni acudía a la siega ni a la recogida de patatas. Su pasión eran las flores y, entre la fruta, las ciruelas claudias y las grosellas.

Desiderio siempre venía uno o dos días para las fiestas de julio. Las de Santa Mariña. Lo que más le gustaba era cuando se instalaban los autos de choque en la explanada de la Portegaza, al lado mismo de la fraga. En cuanto abrían, hacia el mediodía, allá estaba él con Bertiño. Al principio, subían juntos. Y luego ya cada uno en su coche. Un día Bertiño le dijo que yo era su amigo del alma, el hermano secreto o nacido en casa ajena, contigua a la suya, con el que jugaba a cualquier hora. Le decía: «A veces somos músicos y vamos de verbena en verbena. A veces, nos sentimos marinos y nos hacemos a la mar. Si puede se viene conmigo a apacentar las vacas, y jugamos con la pelota de caucho que me regalaste hace unos meses. Y hablamos, hablamos. De todo y de nada hasta que nuestras madres salen a buscarnos a gritos a los caminos».

Bastó que le dijera eso para que me integrase en sus diversiones. «Tienes que aprender a conducir el coche». Subí y viví una impresión maravillosa. Qué gusto. Él no quería chocar con nadie ni yo tampoco, aunque a veces Bertiño irrumpía desde atrás o desde un lateral, y ¡zas! Decían que no, pero te dolía hasta el alma. Y te privaban de un placer supongo que primitivo: el hombre quiere ser pájaro y también quiere ser bólido. Modestamente, lo éramos. Después de diez o doce vueltas, decía que ya estaba bien. Y que no había más dinero.

Me aficioné tanto que esperaba que llegasen, año tras año, las fiestas. Y con ellas, los autos de choque. Nunca perdí la amistad de Bertiño. Un día, tres o cuatro años después, me dijo: «Se ha muerto mi padrino Desiderio. Lo cogió un trolebús en la feria. No he dejado de llorar en toda la noche, y mi madre tampoco».

Yo estaba tan enviciado de la diversión que hice lo imposible para que no lo echase en falta. Busqué peonadas en Casa Mareque, probé en el taller mecánico de Xurxo Borrazás, y así, cuando llegaban las fiestas, tenía algo de dinero. Lo gastaba en los autos de choque. Ya sé que decir esto no es decir nada... Todo el mundo se monta y se montará en ellos. Le pagaba a Bertiño los viajes y lo pasábamos de miedo.

No somos muchos en el pueblo y todos nos conocemos. Empecé a darme cuenta de que Dorinda de Leis se aficionó a dar vueltas y más vueltas. No sé si sería eso, o su pasión por las canciones: Juan y Junior sonaban mucho; los Sirex; Ana Kiro con 'Unha noite na eira de trigo', que era el tema más repetido. Dorinda se deslizaba con una plácida sonrisa, bellamente feliz. Apuraba el rectángulo de la pista, ensayaba giros, rebotaba suavemente al final de la plataforma, aunque eludía los impactos ajenos. Se sabía observada. Se lo volvieron a decir: «Pareces una mujer de cine».

En realidad, lo era. Había trabajado en varias películas y tenía esa belleza absoluta, de las que nunca aciertas a definir. Decían que se parecía a Liz Taylor, a la que vimos una noche en 'Y de repente, un extraño'. Su auto se paró a mi altura, como si hubiera querido encajonarme. «Si sigues mirándome así creo me vas a gastar», me dijo. Y era verdad. La miraba como quien regresa del diluvio universal con el asombro de haber sobrevivido. No había una mujer tan bonita ni en las revistas. Cuando se quedó sin dinero, me dijo: «Acompáñame a casa. A la Casilla. Deshazte de tu amigo».

Hice las dos cosas: le dije a Bertiño que tenía que hacer algunos recados en la carpintería de mis tíos y la acompañé a casa. Anduvimos sin prisa, hablaba solo ella. De los bailes, de las fiestas, de la imprenta y de algunos contratos que le habían prometido para protagonizar dos películas románticas de trasfondo marino en la Costa de la Muerte. Llegamos y me hizo entrar. Preparó una cena rápida, tortilla y empanada de atún, les dijo algo a sus padres para tranquilizarlos porque acababan de retirarse a dormir, y cenamos.

El tiempo se me había pasado volando. Oyéndola, comiendo, contándole cosas de Bertiño dos Santos, de su tío Desiderio, «¿para quién será ahora su Dogde?», me preguntó. También le hablé de mi casa: mi padre era emigrante en Suiza, mi madre, como otras madres, atendía la casa y andaba a jornal de campo en campo, mi hermana Beatriz cosía en Talleres de corte y confección Santalla.

Me dijo: «Ven». Y fui. Entramos en su cuarto. Cerró y encendió el tocadiscos. Sonaron cosas conocidas y otras desconocidas para mí (mi padre nos había mandado una radio desde Vevey), música norteamericana, italiana, francesa, Los Relámpagos, algo de música clásica. Tenía un cuarto muy bonito, lleno de fotos («mi favorita es esa, con Giulianno Gemma, que me enseñó a montar a caballo», dijo). Hubo un momento en que se puso a bailar sola, con suavidad, tanta que pensé que iba a desmayarse en cualquier instante. Yo no sabía qué hacer, pero ella sí parecía saberlo. Fue perdiendo ropa, la camisa, hasta la falda, se envolvió en una pañoleta enorme, luego en un tul verdoso, yo diría que se quedó semidesnuda, y entonces le oí decir: «Si no me abrazas pronto, creo que voy a acabar mareada».

Solo tenía trece años y hasta entonces solo había abrazado a mi madre y, de mentirijillas, a la ternera en el establo.

El niño que quiso ser pintor

Mi vida es sencilla. No pasa nada extraordinario, pero nuestra profesora Adelina nos dice que todas las vidas tienen una historia, un cuento. Incluidas las de los niños de ocho años. Su frase favorita es: «Busca el cuento de tus días».

A veces intento buscarlo. Por la noche, antes de dormir, pienso en lo que he hecho: cómo han sido las clases, con quién he jugado en el recreo, si a baloncesto y a fútbol, cómo me ha ido en el intercambio de cromos. Pienso si mi amigo Andrés ha vuelto a contarme chistes: a él le gustan los circos, los domadores, las bailarinas, las trapecistas y los caballos. Cuenta historias de todos ellos; yo creo que las inventa. Si le pregunto, siempre me dice lo mismo: «Yo de mayor seré payaso. El payaso malo del circo Raluy». Me río. En realidad, es más bueno e inocente que el pan.

Después de darle muchas vueltas, he decidido empezar así mi cuento. Érase una vez un niño, Bruno (bueno, yo), que vivía con sus padres. Mi madre, Silvia, es geóloga: lo sabe casi todo de las piedras y de la tierra. Cuando vuelve de un viaje siempre me trae una piedra de una cantera, de un camino lejano o de un jardín. Pero también me regala piedras preciosas. Por eso sé cómo son la amatista, el ámbar o el nácar. Tengo una colección de elefantes de cristal de roca.

Un día me regaló un baúl azul y me dijo que fuese guardando en él mis tesoros. Cuando lo llené, empecé a dejar las piedras en las estanterías, en la mesa de los deberes, siempre lejos de mi perro Lito, un cócker que parece fiero y que es cariñoso. Un poco rebelde, eso sí: me roba los calcetines, los lápices y algunas piedras. Las mete en la boca y me las devuelve mordidas y mojadas. «¡Qué asco!, Lito», le digo cuando me enfado. Entonces, yo me pongo tan loco como él, pero con más mala leche. Una vez le dije: «Borde». Era la palabra que decía mi abuelo cuando se enrabietaba por cosas de política que oía en la televisión.

Mi madre es especial. Un día mi amigo Andrés me preguntó qué quería decir. Le contesté: «Habla sola y nunca pierde la paciencia». Ni siquiera cuando mi padre, que es muy alto, vuelve del baloncesto o de las carreras y deja toda la ropa tendida por cualquier sitio: en el baño, en el pasillo o en el sofá del comedor. Es tan bonito, tan largo y tan cómodo nuestro sofá rojo que mi madre se enfada. Yo se lo veo en los ojos, pero no dice nada.

Mi padre trabaja en publicidad. Por ejemplo, hace poco hizo una camiseta muy graciosa con esta frase: «No correr es de cobardes». Pero eso lo hace fuera de casa. A mamá le pregunta cosas del tipo: «Con qué te quedarías: lo mejor aún no ha aparecido, cuídate los ojos. O: las mejores imágenes están por llegar, cámbiate de gafas». Ella le contesta con mucha seguridad: «las mejores imágenes están por llegar, cámbiate de gafas». Más tarde, mamá y yo vamos por la calle y vemos, en carteles o en las paredes, que papá eligió la otra. Un día, entre risas, ella le dijo: «Si esto es amor, Alberto…». Se rieron. Y yo también.

Papá es un poco raro. Yo creo que lo que más le gusta es pintar. En casa tiene una habitación pequeña, con buena luz, donde trabaja. Siempre me dice lo mismo, que no entre allí. Que hay cosas demasiado peligrosas para un niño: aguarrás, venenos, ácidos, listones de madera, botes de pintura, más botellas de aguarrás y otros líquidos que apestan. Si necesito que me ayude con los deberes o que vea la televisión conmigo, lo deja todo y nos sentamos en mi mesa o en el sofá con Lito. A los tres nos gustan mucho las películas de animales.

En cuanto se va al trabajo, entro en el cuarto. Intento que mamá no se dé cuenta. Y allí estoy un rato: mi padre pinta paisajes del mar y de los bosques, pinta algunos rostros de mujer, pinta caballos, estatuas, calles con gente. Casi sería más fácil decir qué cosas no pinta. No pinta burros, ni tortugas, ni los circos que visita mi amigo Andrés. Creo que pinta bien. Con muchos colores. Yo diría que es un pintor lento. Más que lento, lentísimo. Nunca está conforme.

Él no sabe que yo también quiero ser pintor. Adelina me dice que tengo habilidad con las manos para las caras y las casas. Un día, dentro de los viajes que hacemos a lo largo del curso, nos dijo que iríamos a ver a una ciudad con puerto de mar. Y allá nos fuimos: en un autobús azul que tenía hasta baño y wáter. Andrés y yo nos sentamos juntos y esta vez me contó la historia de Macarena, la domadora de tigres que iba de su casa al circo en bicicleta, y viceversa, con una pamela y un largo vestido rojo.

Cuando llegamos a la ciudad con mar hicimos todo lo que teníamos que hacer. Visitamos el museo marino, vimos peces, aparejos de pesca, mascarones de proa, qué bonitos me parecieron los de sirenas. Anduvimos hasta el faro, y luego comimos los bocadillos en un precioso parque con palmeras. Ante nuestros ojos estaba la playa, y algo más allá estaban los peñascos y un barco encallado. Un barco antiguo, bonito, enorme, de los de verdad, que parecía dominarlo todo. Un señor nos dijo: «Dejó de navegar mucho antes de nacer vosotros».

Saqué mi cuaderno de la mochila, alargado, y el estuche de las acuarelas. Me quedé allí. Mirando. Mirando a todas partes. Mirando con toda la paciencia del mundo, como mira mi padre. Algunas profesoras se quedaron conmigo y con otros niños que corrían y jugaban a esconder tesoros; los demás se fueron de tiendas y a caminar por un paseo protegido por una barandilla de madera.

Me puse a pintar: primero la playa con la arena y los brillos que dejaba el sol; había algunos bañistas, hamacas y barcas, que eran pequeñas manchas oscuras. No es fácil hacer lo que hace mi padre, casi en secreto. No es fácil controlar el agua y mezclarla con la acuarela. Después, en una segunda hoja, hice la continuación: se veía algo el faro y una primera línea del horizonte, atravesada por gigantescas gaviotas. Y en una tercera hoja pinté el cielo. Me costó mucho. Adelina se acercó y me acarició la cabeza. Solo eso. Le dije que era un cielo de nubes veloces y espesas. Se rió como solo ella sabe reírse.

Cuando llegamos al colegio me dijo que, antes de marchar a casa, pasase por su despacho. Preparó una carpeta y me ayudó a unir las tres hojas. Ella sí que tenía habilidad con las manos y el celofán. Entonces le oí decir: «Ya eres todo un pintor». Me habría gustado preguntarle: «¿Crees que le gustará a mi padre?».

Le expliqué a mi madre que no podía enseñarle aquel póster, que era una sorpresa del viaje al mar, y que lo conocería a su debido tiempo. En casa, me faltó tiempo para entrar en el estudio de mi padre y colocar el cuadro sobre el caballete. Lo miré, retoqué algún detalle y se lo dejé allí, con una nota: «Algún día seré como tú. Pintor».

No puedo contar qué me dijo mi padre. Hay cosas que no se pueden decir con palabras. Un niño de ocho años también debe saber guardar un secreto.

El amanuense de la perfección

Hay dos José Luis Melero Rivas (Zaragoza, 1956). Quizá haya varios, sobre todo porque tras la jubilación le faltan horas a sus días: lo reclaman por doquier como presentador de libros, mantenedor de actos, locutor, contertulio, bibliotecario y bibliófilo o como paisaje cultural de la ciudad, paisaje humanizado de encanto, transparencia y campechanía. Lo decía Luis Alegre: «Donde está Pepe Melero siempre hay buen rollo».

Existe un Pepe Melero anterior, si me lo permiten, a sus colaboraciones en *Heraldo* y el posterior, de hoy, que puede asomar y asoma como un futbolista total, en cualquier lugar del campo o de la sociedad. Todo está abierto a su curiosidad: aragonesista hasta la médula, como bien se sabe, interiorizó aquello que decía el bibliófilo Juan Manuel Sánchez, «Todo por y para Aragón», su campo de intereses excede lo aragonés, aunque su origen y su amor a la tierra sean el epicentro de su curiosidad y su expansión. Melero se afirma desde Zaragoza, desde su amado Callejón de Lucas y el Paseo de Sagasta para proyectarse hacia el mundo. Tiene amigos aquí y allá para los que es referencia: ahí están Fernando Aramburu, que anda por Alemania, Héctor Abad Faciolince, el colombiano universal de 'El olvido que seremos', o el madrileño letraherido Jesús Marchamalo, que lo ha escogido como padrino de todos sus libros.

El primer Pepe duró hasta principios del siglo XXI. Se formó y se forjó en silencio, con cierta voluntad de apartamiento, por decirlo así. Estaba en los sitios, tenía un montón de amigos (desde los poetas Luciano Gracia e Ildefonso-Manuel Gil, desde Ángel Guinda a Rosendo Tello), pero se dedicaba a sus pasiones: los libros, ante todo, leía para vivir, leía para soñar, leía porque este país de todos los demonios que es España lo conmovía por su Historia, por sus poetas y narradores, y por sus publicaciones, especialmente sus revistas, tres cuestiones o asuntos que le fascinan. Pepe Melero siempre ha sido un enamorado de la letra impresa, un fetichista (también lo fue de otro modo, aparentemente más desapegado, el gran amigo de unos cuantos y suyo que fue Félix Romeo Pescador), y más que coleccionar ha perseguido para leer y para sentir los libros de un montón de autores preteridos, ya sean de su calle, del vasto Aragón, de la bohemia española o del planeta.

Pronto ha tenido primeras ediciones, libros dedicados, epistolarios entre memorables y extravagantes, volúmenes imposibles, y todo ello lo ha mimado con inmenso amor: ha encuadernado, ha anotado a lápiz, etc., que es —como le sucedía a Julio Cortázar— su manía y su manifiesto rotundo de lector. En sus libros, al final o al principio, siempre anota cosas: un personaje que le ha deslumbrado, una fecha o un hecho que desconocía, una revelación. Ha sido el lector de guardia incorregible. Ya entonces, antes de los 40, Pepe Melero tenía clara su misión: todo lo que sabía, todo lo que poseía estaba al servicio de eruditos, narradores, siempre y cuando se leyese o se consultase en su casa. Habría aprendido que un libro que sale de una biblioteca tan amada y alimentada de detalles es un libro errante, algo destinado a la apropiación indebida o al naufragio. En aquella época hasta parecía más serio, incluso le costaba más arrancarse con esas jotas que canta con voz suave pero siempre ajustadas de afinación (como le dijo el Pastor de Andorra cuando cantó 'La palomica' en El Ventorrillo: «Maño, tú entonas muy bien. Mucho mejor que yo»), parecía más serio.

Con suavidad, siempre andaba por ahí, atento a todo: al cine, al teatro, a las artes plásticos o a los ciclos de 'Invitación a la lectura'. Tras la charla, por allí aparecía Pepe Melero con dos, tres o cuatro ejemplares de los libros de un escritor —fuesen Antonio Gamoneda, Muñoz Molina, Landero, Merino, Rosa Montero, Rosa Regás...— para que se los firmase.

Y siempre, casi siempre, tenía un detalle, una revelación, una historia secreta. Su cabeza no paraba, aunque sus apariciones fueran más discretas. Si puede decirse así. Hasta aquel Melero, zaragocista acérrimo desde la cuna, lo parecía menos. ¡Y anda que en La Romareda no perdió la compostura!

Y luego poco a poco, a raíz de sus artículos en 'Artes & Letras' y posteriormente en cualquier rincón del periódico, José Luis estalló. Se reveló como lo que era, como lo que es: un vitalista voraz, un partidario de la alegría, de la felicidad, un estudioso de mil asuntos, metódico, preciso, perfeccionista hasta más allá del desvelo. En sus artículos nunca hay una errata, una coma mal puesta, un nombre confundido, una fecha inexacta. Y qué disgusto si alguna vez en la edición se le ensucia un texto: no duerme. Y no de rencor o de odio hacia el infractor, sino porque no quiere ni incomodar al aire y porque en el fondo trabaja con la exactitud de las cosas, que es la más alta forma de belleza. Si lo siguen, escribe de todo, e incluso parece haber rescatado el espíritu del poeta que no se atrevió a ser a los 23 años, usa el lirismo, la autoficción, la ironía y por supuesto el humor. A veces un humor muy literario, todo hay que decirlo: como ese día que da vueltas y vueltas por la ciudad y no se atreve a entrar en casa porque se ha gastado demasiado dinero en libros de viejo, o en novedades, y teme la reacción de Yolanda Polo, la mujer de su vida. Por cierto, tiene un don: es un catalizador de maravillas, un talismán de sorpresas y un cazador de tesoros. Hace unos días en el rastro de San Bruno le vendieron una impresionante edición de obras de Baltasar Gracián del siglo XVII. Nadie nace de la nada, como suele decir de Ignacio Martínez de Pisón o de Irene Vallejo. Tampoco él, pero ha sabido convertirse en un emblema de Aragón, en un espejo de Zaragoza (él se refleja en la ciudad, bebe entusiasmo y misterio de ella y proyecta hacia el exterior su brillo) y en esa criatura afable con la que casi todos quieren pasear, conversar y reír hasta el fin de la noche.

Alcaraz y Sinner.
Duelo de un carámbano y un poeta

¿A qué estirpe de seres, acaso de condición sobrehumana, pertenecen Carlos Alcaraz y Jannik Sinner? La final de Roland Garros de 2025 ha hecho pensar en esos choques donde se citan los elementos heroicos y novelescos. Fue un partido homérico, un choque entre gladiadores, un combate donde la inteligencia se aliaba con la audacia, la frialdad matemática con el ingenio, la resistencia con la precisión, la fortaleza con el arte. Cada juego era la como condena de Sísifo: la piedra (la pelota, la dificultad, el baile de lo imposible que no acaba nunca) debía encontrar parábolas, ángulos, vértices, líneas de cal que parecían volverse invisibles o casi inexistentes.

Alcaraz y Sinner jugaron uno de esos partidos donde todo es incierto. En cierto modo, a pesar de haberse dejado algunos sets en el camino, Carlitos partía con algo de ventaja, poca, en realidad. Y Sinner, carámbano impasible, volvía con el deseo de vengar la afrenta de Roma. Este italiano tan mestizo, de más de 1.90 de altura, tan raro a la vez, posee la gelidez de Bjorn Borg y el juego preciso, algo mecánico a veces pero implacable, de Pete Sampras. Sus dos primeros sets lo probaron: es capaz de hacerlo todo. Juega casi al margen del resultado y de los espectadores: sale a cumplir una misión, un cometido, y su afán es no echar ningún borrón. Lleva en la cabeza, en los movimientos exactos y en la empuñadura el álbum de todos los golpes. Juega con un estilo seguro, eléctrico y avasallador. Implacable. Saca de manera impresionante, maneja todas las suertes (bolas profundas y rápidas como las centellas, 'passing shots' con la furia y el alcance de los vendavales, usa mazazos planos que parecen explorar o abrir abismos en la arena, globos, dejadas, tiros a contrapié) y, además, no desfallece. Es como si no sufriese:

si Alcaraz le remonta, si le acosa, en algún lugar de su conciencia o de su cerebro tranquilo guarda una montaña de resiliencia.

Carlos Alcaraz vio ayer la infinita sombra del diablo. Está acostumbrado a asomarse al peligro de todos los precipicios. Como si le gustase vivir al límite, en el envés del más difícil todavía, para demostrar su personalidad. Su talento, su capacidad de invención, su condición de mago que rara vez pierde la sonrisa y que siempre está dispuesto a encender la llama de la adhesión incondicional. Carlos Alcaraz es un poeta de las pistas (cinco Grand Slam ya), sin duda, el bailarín en el alambre, el paracaidista que tiene alma bucanero y corazón de de suicida. Con dos sets abajo, emprendió su particular gesta. La materialió como mejor le gusta hacerlo: con ese inventario de golpes, con ese rosario de intuiciones, con su facilidad innata para improvisar y generar estados de ánimo: en sí mismo, en el rival y en la grada. Ante sí tenía a un jugador formidable, sin imperfecciones, casi un caimán de cólera y un felino ágil, un animal enigmático que se entrega a la demolición segura y desalmada. Pues a este jugador, que está llamado a ser su gran rival, le igualó Alcaraz, en un choque en el que, hasta el final, no le funcionaron sus dejadas. Sinner, como si fuera un velocista, llegaba a todas y las decantaba en su casillero. Además de los golpes, la final era un ritual agónico de mentalidad, potencia, colocación, fantasía y serenidad. Y con ambos en medio de la gesta, empezó la tercera batalla: ese quinto set marcado por el suspense, la incertidumbre, la capacidad de metamorfosearse. Iban los dos de izquierda a derecha, de delante atrás, a vida o muerte, y dejaban en el ambiente una guía de recursos casi inverosímiles. Cuando todo parecía decantado hacia Alcaraz, sin aspavientos, Sinner igualó. 6-6. Parecía que Carlos Alcaraz iba a morir justo en la amena ribera del pantano de la gloria, desangrado de rabia y melancolía. Y ahí, en ese 'tie break' más largo, sucedió lo que solo habían soñado los dioses: el campeón de 2024 se llenó de inspiración, aún más, enflaqueció el italiano, que se olvidó de su armadura de Robocop por unos minutos, y pasó lo que nos ha hecho rabiosamente felices.

El tenis es un polvorín de las emociones y se juega a la velocidad de la luz y del deseo.

4 - Antón Castro

BIOBIBLIOGRAFÍA

Foto: Beatriz Gimeno

Antón Castro
(Santa Mariña de Lañas-Arteixo, A Coruña, 1959)

Reside en Zaragoza desde el otoño de 1978; entonces tuvo su primera experiencia laboral en la vendimia en Cariñena y Alfamén. Ha publicado más de cincuenta libros de narrativa y poesía, de periodismo, biografías y ensayos. Está casado con Carmen Gascón desde 1980 y son padres de cinco hijos: Daniel, Aloma, Diego, Jorge y Sara. Tienen siete nietos: Greta, Lola, Max, Simón, Lea, Claudia y Carmen.

En Destino publicó cuatro libros de narrativa; en 2011 reeditaba *El testamento de amor de Patricio Julve* (Xordica), de cuentos. En 2013 firmó *El dibujante de relatos* (Pregunta), con dibujos de Juan Tudela. Es autor de seis poemarios: *Vivir del aire* (Olifante, 2010), *El paseo en bicicleta* (Olifante, 2011), *Seducción* (Olifante, 2014), *El musgo del bosque* (Prensas Universitarias de Zaragoza, 2016), *Vino del mar* (Olifante, 2029), *El cazador de ángeles* (Olifante, 2021) y *En el centro del jardín* (Olifante, 2024). Ha publicado libros de literatura infantil y juvenil, como *El niño, el viento y el miedo* (Nalvay, 2013), *La leyenda de la ciudad sumergida* (Nalvay, 2014) y *El tango de Doroteo* (Libros de Ida y vuelta, 2017), ilustrados por Javier Hernández.

En 2012 apareció su novela de formación *Cariñena* (Ediciones 94), reeditada por Pregunta en 2018 y 2025, que ha sido llevada al cine por Javier Calvo Torrecilla con el título de *Cariñena. Vino del mar* (2025). Y en 2017 entregó una nueva edición, ampliada y ya definitiva, de su volumen de relatos *Golpes de mar* (Ediciones del Viento, 2017), el libro de una vida que ampliaba la edición de Destino de 2006. Publicó con el naturalista y fotógrafo Eduardo Viñuales la guía *Aragón. Excursiones a lugares mágicos* (Sua, 2018). En 2025, en el sello Pregunta aparecía su libro de relatos *Periferias del deseo*, en el que ha trabajado durante más de una década.

También es autor de varios libros de artista: *Los sitios de la Zaragoza inadvertida* (2016), con fotografías de Andrés Ferrer; *Amor. La loca de Montalbán* (Prames, 2018), con Natalio Bayo (con quien había publicado otros libros de arte como *Bestiario aragonés* y *Caballos en la noche*) y *Mujeres soñadas* (Aladrada, 2018), con fotografías de Rafael Navarro. En 2020 publicó, con Ángel Guinda, *El escritor de mi vida: Gustavo Adolfo Bécquer* (Olifante) y en 2024, en una edición de *Heraldo de Aragón* y el Ayuntamiento de Zaragoza, aparecía *Teatro Principal 225 aniversario. La función infinita*, en colaboración con José Miguel Marco y Kristina Urresti. Ha dedicado diversos trabajos a Aragón como *Aragoneses ilustres, ilustrados e iluminados* (Gobierno de Aragón, 1992), con ilustraciones de José Luis Cano; el volumen transversal *Aragón* (Gobierno de Aragón, 2001) y *Pasaron por aquí* (Pregunta, 2019), donde narra la presencia de 80 personalidades por el territorio aragonés, desde Sara Bernhardt y Virginia Woolf, Galdós y Sorolla, hasta Walt Disney, Tyrone Power, Bruce Springstein, Nino Bravo o Marianne Faithfull.

Coordina desde el año 2002 el suplemento 'Artes & Letras' de *Heraldo de Aragón*. De 2006 a 2012 dirigió y condujo el programa cultural *Borradores* en Aragón Televisión y presentó cuatro temporadas de *Sin cobertura*, 29 programas sobre la despoblación y la vida en el mundo rural, bajo la dirección de Javier Calvo Torrecilla, ambos en Aragón Televisión. En 2013 recibió el Premio Nacional de Periodismo Cultural, en 2020 el premio José Antonio Labordeta de Comunicación y en 2022 el premio Pilar Narvión por su trabajo en periodismo cultural, entre otros galardones. Ha sido el comisario de la exposición del 75 aniversario del Real Zaragoza (1932-2007), *Los años magníficos*, y fue nombrado *Hijo Adoptivo de Zaragoza* en 2022.

Índice

Este libro,
La emoción de vivir
de Antón Castro,
Premio de las Letras Aragonesas 2024,
se terminó de imprimir en Zaragoza,
con motivo de la concesión del galardón,
el día 15 de julio de 2025,
cuando se cumplen 38 años del ingreso del autor
en el periódico *El Día de Aragón,*
su suegra Isabel Brumós cumple 95 años
y su nieta Grieta Barreiros concluye su primera novela.